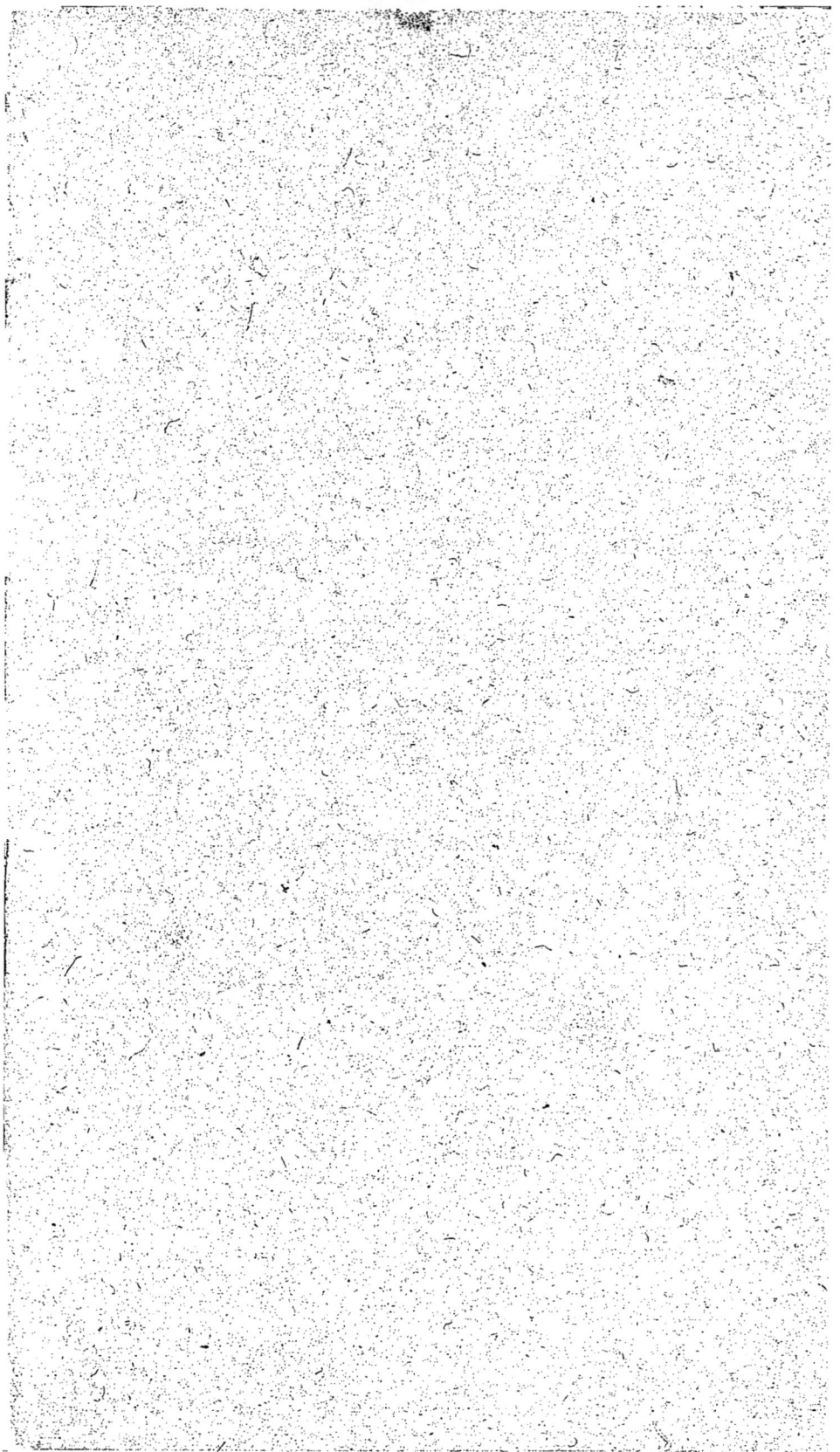

LETTRE

A

MESSIEURS LES DÉPUTÉS DE L'ISÈRE,

ET

OBSERVATIONS

SUR LE

BUDGET DE 1832,

Par M. Dumoulin,

ANCIEN OFFICIER D'ORDONNANCE DE L'EMPEREUR, COMMANDANT DE
L'HÔTEL-DE-VILLE, NOMMÉ PAR LE GOUVERNEMENT
PROVISOIRE DE JUILLET.

Les Français contribuent indistinctement,
dans la proportion de leur fortune, aux
charges de l'état. (*Art. 2 de la* CHARTE.)

PARIS,

CHEZ PAULIN, LIBRAIRE,

PLACE DE LA BOURSE.

1832.

IMPRIMERIE DE DAVID,
BOULEVARD POISSONNIÈRE, N° 4 BIS.

A Messieurs les Députés du Département de l'Isère.

Messieurs,

En lisant le rapport de M. Thiers sur le budget de 1832, on ne peut s'empêcher d'y reconnaître un genre de talent qui a certainement son importance. M. Thiers a trouvé le moyen de présenter comme une chose toute simple, un budget plus onéreux que tous ceux que la France a eu à supporter, même dans les circonstances les plus graves.

Il y a long-temps que les hommes qui se succèdent au pouvoir parlent d'économie, sans jamais en réaliser; et que chaque nouveau ministère signale son avènement au pouvoir par une augmentation de charge; il serait cependant bientôt temps de voir le contraire.

Quand notre grande et majestueuse révolution de 1789 renversa la plus ancienne monarchie de l'Europe, on conçut l'espoir de voir réformer tous les vieux abus et cependant le peuple se demande encore aujourd'hui quels ont été les résultats de tant de maux soufferts par lui, pour obtenir des améliorations dans son existence.

Avant 1789, la noblesse française, classe privilégiée, jouissait exclusivement de tous les grades militaires supérieurs, et des dignités lucratives de l'église.

Les charges de la magistrature étaient, il est vrai, devenues le patrimoine de certaines familles; mais ceux qui les remplisaient, jouissaient au moins d'une véritable indépendance, ce qui n'a pas lieu aujourd'hui.

Avant la révolution, il y avait beaucoup plus de vanités blessées, qu'il n'y avait d'intérêts particuliers froissés.

On payait la dîme; mais c'était ceux qui possédaient qui payaient; le peuple paie beaucoup plus aujourd'hui qu'avant la révolution de 1789.

Les impôts indirects lui enlèvent la moitié du produit de son travail, l'épuisent et le mettent dans l'impossibilité de se procurer même le plus strict nécessaire pour nourir lui et sa famille; ses bras luttent en vain contre la concurrence de ces immensses machines; il travaille peu , par cela même que ces bras mécaniques travaillent beaucourp; son sort n'est changé qu'en ce que des impôts plus onéreux pèsent sur tous les objets nécessaires à son existence; et enfin, depuis la révolution de 1830, ce même peuple à qui l'on doit tout, à qui l'on promettait tout, qu'on a reconnu comme *souverain*, qu'y a-t-il gagné? Une cote d'imposition personnelle et mobilière, qu'il ne payait pas sous la première race, et qu'il est forcé d'acquitter aujourd'hui !! !

Il est donc impossible, qu'un tel ordre de choses puisse exister ainsi; il ne faut pas attendre que des milliers d'ouvriers pressés par la faim, viennent en demandant du pain et du travail; bouleverser et le pays et ses institutions, il ne faut pas que cet ouvrier sans ouvrage , qui a tant de raisons pour s'irriter du luxe qui blesse ses regards et insulte à sa misère, puisse reprocher à celui qui possède, de ne pas contribuer plus que lui aux charges de l'État. On ne sait pas jusqu'ou pourrait aller son irritation.

C'est donc à la classe aisée à y songer. C'est au gouvernement à prévenir la colère du peuple, et à faire disparaître tout ce qui pourrait la justifier; il faut enfin que les hommes qui ont le mandat de le représenter et de plaider ses intérêts, s'occupent de rechercher profondément la source du mécontentement général qui s'empare graduellement de la société (*); et de mettre de l'ordre et de l'économie dans l'administration.

Pour opérer des économies comme je les entends, je ne prétends pas désorganiser les services publics; mais je désire la suppression immédiate des emplois inutiles, de ces emplois imaginés sous toutes les administrations, pour créer des existences de courtisans.

Mais d'un autre côté, il faut conserver à l'employé utile et laborieux un traitememt nécessaire à son existence, et une pension proportionnée à l'importance de ses services.

Il faut que le gouvernement s'entoure d'hommes dévoués à notre révolution de juillet, qu'il accorde à ces hommes de cœur et désintéressés, la

---

(*) « Il ne suffit pas de couper, disait Catherine, il faut » recoudre. » Ce malaise que nous ressentons, ne viendrait-il pas de ce que les héritiers de juillet recôllent mais ne recousent pas ?

préférence dans les emplois. C'est dans l'intérêt de sa conservation qu'il doit en agir ainsi.

Les cumuls enfin, sous quelques formes que ce soit, ne doivent pas être tolérés, malgré les économies qu'on puisse y rencontrer.

Je vais donc essayer, Messieurs, de jeter un coup-d'œil rapide sur quelques économies les plus urgentes; j'indiquerai ensuite les moyens d'effectuer de nouvelles recettes. J'espère que l'importance de ces améliorations excitera l'attention même des plus prévenus.

Le gouvernement lui-même nous a déclaré, par l'organe du président du conseil, qu'il voulait entrer dans la voie des économies. Le discours du premier ministre sur la liste civile contenait, à cet égard, ces paroles remarquables : « qu'il » était d'accord avec ceux qui veulent que la » liste civile serve de moyens pour *l'abaisse-* » *ment des autres charges de l'Etat.* »

C'est donc en répétant toujours, en répétant sans cesse l'article 2 de la Charte de 1830 : « *Que tous les Français contribuent indistinctement, dans la proportion de leur fortune, aux charges de l'Etat,* » que la Chambre se rappellera de la né-

cessité, de l'urgence de faire des économies et
du Gouvernement à bon marché.

Si parmi vous, Messieurs, le peuple compte
de zélés défenseurs dans ses intérêts, croyez que
sa reconnaissance en a gravé les noms dans son
cœur; mais qu'il est aussi peu jaloux de la confiance que des orateurs mettent dans sa résigna-
tion, et qu'il ne pensera pas, avec M. Ganneron
dont les lumières incontestables, il est vrai, peuvent jeter tant de clartés dans la Chambre, que
« les impôts énormes ne font pas le malheur des
» peuples, les charges sont toujours légères
» quand on peut les supporter. » L'honorable
Député attend donc d'être réveillé par une nouvelle révolution pour apprendre que le peuple
fléchit sous les impôts ?

A M. Ganneron je n'opposerai que Montesquieu,
qui disait : « Ce n'est point sur ce que le peuple
» peut payer qu'on doit mesurer les revenus de
» l'Etat, mais c'est sur ce qu'il doit payer, et si
» on les mesure à ce qu'il peut payer ; il faut
» que ce soit au moins à ce qu'il peut toujours
» payer. » Les derniers événemens de Lyon et de
Grenoble ont malheureusement justifié Montesquieu.

Députés du département de l'Isère, vous êtes, Messieurs, les représentans de cette terre classique, de cette terre berceau de la liberté française! de cette liberté qui doit régénérer le monde. Votre mandat, Messieurs, vous impose de grands devoirs. Comme Dauphinois, rappelons-nous que nous sommes les fils aînés de notre majestueuse révolution de 89, et que dans vous, Messieurs, la révolution de 1830 ne doit pas compter de plus fermes soutiens.. Que le souvenir de nos pères, des Mounier, des Barnave, vous rappellent les efforts que vous devez faire pour la conservation de cette liberté dont ils firent entendre les premiers accens dans nos montagnes * ; que ces grandes ombres n'aient pas à regretter que ceux qui sont appelés à leur succéder peuvent oublier ce qu'ils doivent à la liberté et au bonheur du peuple.

Messieurs, j'ai cru devoir, dans les circonstances graves où se trouve la patrie, ne pas hésiter à prendre la plume et à vous adresser les notes suivantes, qui vous feront connaître les améliora-

---

* Assemblée de Vizille, le 21 juillet 1788, au château de M. C. Périer.

tions que je crois possibles, et dont le résultat s'élève à 189,824,000 fr.

Je serai doublement satisfait d'avoir, dans cette circonstance, mérité votre attention ; et par une abnégation de toute espèce d'intérêt d'individus, j'aurai fait ainsi un acte de devoûment de plus, et de patriotisme envers mon pays.

DUMOULIN.

Paris, ce 25 janvier 1832.

LETTRE

A

MESSIEURS LES DÉPUTÉS DE L'ISÈRE,

SUR

LE BUDGET DE 1832.

MINISTÈRE DE LA JUSTICE

Le budget du ministère de la justice se compose de treize articles spéciaux. Une somme de 19,469,000 fr. est demandée pour subvenir aux besoins des divers services de ce ministère. Cette somme me paraît trop forte, voici la réduction que je propose :

Je laisse de côté les deux premiers chapitres spéciaux, ils comprennent tout ce qui a rapport à l'administration centrale, personnelle et matérielle du ministère. Pour pouvoir proposer des économies sur cette administration, il faudrait avoir des connaissances spéciales que je n'ai point ; il faudrait avoir connu les bureaux, savoir au juste le travail qui s'y fait, le nombre d'employés que comporte ce travail, et je suis obligé d'avouer ma complète ignorance sur ce point. J'arrive tout d'abord au conseil-d'état. Ce chapitre est porté au budget pour une somme de 486,300 fr.

Je pense que l'on pourrait, sans se montrer trop prodigue d'économies, demander que le traitement de 15,000 fr. de chaque conseiller-d'état fût réduit de 6,000 fr. au moins. En effet, le conseil-d'état n'est pas, comme sous l'empire, le rouage de la constitution, un pouvoir de l'état. Ce n'est plus cette institution grande et féconde, destinée à remplir une haute mission dans la société, ce n'est plus cette pépinière de législateurs habiles dans toutes les parties des connaissances humaines, consultant tous les jours les besoins du pays, et élaborant des projets de loi qui répondaient à ses besoins. Ce ne sont plus ces discussions vives, savantes, animées, auxquelles présidait le premier consul, et dans lesquelles brillaient les Tronchet, les Portalis, les Cambacérès. Aujourd'hui, c'est tout simplement un tribunal, jugeant des questions purement administratives que bien souvent les juges n'ont pas étudiées ; ce n'est plus qu'un hôtel d'invalides, composé de gens très-valides d'ailleurs ; mais qu'on peut, à juste titre, appeler les grandes nullités politiques, et les consciences les plus souples de l'époque. D'ailleurs, le plus grand nombre de ses membres est appelé au conseil-d'état pour avoir une consistance politique, et presque tous sont revêtus d'autres fonctions, généralement salariées.

Un juge d'un tribunal administratif, qui n'a rien ou à peu près rien à faire, doit être satisfait de neuf mille francs de traitement, et du titre pompeux de Conseiller-d'État (1).

Le chapitre qui suit est relatif à la cour de cassation. L'institution de la cour de cassation remonte à 1790. A cette époque, elle était composée de quarante-deux juges, aux appointemens de huit mille francs chacun. Il n'y avait entre le traitement du premier président, des présidens de chambre, et celui des simples juges, aucune différence. La France était alors aussi grande qu'aujourd'hui : En l'an 8, la cour de cassation, comme tout l'ordre judiciaire, fut réorganisée. La France d'alors comprenait 98 départemens ; on éleva à quarante-huit membres le nombre des juges, et leurs appoin-

---

(1) C'est en Hollande, dans l'exil, et dans des entretiens avec MM. Merlin et Defermont, que j'ai appris à connaître toute l'importance de cette grande institution, et tous les services qu'elle rendait au grand empire. Toujours présidée par l'empereur, même de ses bivouacs ; l'estafette lui portait journellement les délibérations du conseil-d'état, toujours soumises à sa sanction, qui n'était jamais accordée sans y apporter quelques améliorations échappées à la discussion.

Voyez, à ce sujet, l'article fort remarquable publié dans l'*Européen,* journal des sciences morales et économiques.

temens furent augmentés : celui du premier président fut porté à 15,000 fr. ; celui des juges, à 8,000 fr.

La cour de cassation était certainement aussi bien composée qu'aujourd'hui, la justice y était aussi bien rendue; et cependant, aujourd'hui que la France a perdu une grande partie de son territoire, qu'elle est réduite à 86 départemens, le nombre des membres est encore augmenté, les appointemens grossis. Le premier président touche 40,000 fr. ; les présidens de chambre, les simples juges, 15,000 fr.

Evidemment, ces traitemens sont trop forts, et ils doivent être réduits de beaucoup; je pense que la Chambre des Députés devrait les mettre sur le pied qui avait été fixé par la loi de l'an 8. Que doit-on demander aux magistrats, à ceux surtout qui composent la première cour du royaume? De la probité, de l'indépendance et du savoir. Eh bien! l'indépendance, les vertus et le savoir ne s'achètent pas par de gros traitemens; c'est le caractère, l'éducation, le travail, qui seuls peuvent donner ces précieuses qualités.

Mêmes observations à faire sur le traitement des premiers présidens de cour royale. Ces traitemens varient selon le siége de la cour; mais partout ils sont en disproportion vraiment choquante avec ceux des simples conseillers. On dit cependant que le traitement des conseillers est suffisant. Je ne vois pas pourquoi l'on voudrait qu'un premier président fût plus fortement rétribué. Ses devoirs, ses travaux sont de même nature ; la place plus élevée qu'il occupe dans la hiérarchie judiciaire est la récompense de services plus longs ou plus honorables. Cette récompense, ce qui doit en faire le prix, ce sont les motifs qui l'ont value, et non pas les appointemens qui l'accompagnent ; sans cela la hiérarchie judiciaire détruirait l'indépendance de la magistrature. L'élévation des postes ne serait plus un motif d'émulation honorable, mais d'intrigue et de corruption. Nos pères l'avaient parfaitement senti, en rendant les accès de la magistrature accessibles au riche seulement, au noble; ils trouvaient un moyen de lui garantir et de lui conserver son indépendance. Sans doute ce système pouvait avoir et il avait ses inconvéniens, mais il avait aussi l'avantage que je signale.

Je dirais bien quelques mots sur les frais de justice criminelle, si je pouvais déchirer le voile qui couvre ce chapitre des dépenses du ministère que j'examine dans ce moment ; si M. le garde des sceaux avait eu le soin, ou du moins n'avait pas craint de publier le nombre des procès intentés en matière politique dans le courant de cette année, ainsi que le nombre des acquittemens, je prouverais qu'il serait très-facile de réduire ce chiffre, en se montrant plus avare de procès, dont le résultat probable est un acquittement. Je demanderai donc à M. le garde des sceaux s'il

pense que ses agens du parquet montrent beaucoup de discernement dans leurs poursuites, et
s'ils ne devraient pas y mettre plus de réserve, et
ne pas compromettre, ainsi tous les jours, le gouvernement dans des procès entrepris plutôt dans
des haines particulières, qu'ils ne le sont dans
l'intérêt du pouvoir. Mais comme le travail que
je signale n'est point fait; comme personne autre
que M. le ministre de la justice ne pourrait le
faire, je garde à cet égard le silence.

J'appelle l'attention de messieurs les Députés
sur les greffiers.

Cette partie de l'administration de la justice
exige une nouvelle organisation ; car, je demanderai ce que sont des offices de greffiers
près les tribunaux de première instance et de
commerce, qui donnent à leurs titulaires dix fois
le revenu des présidents, et cela au moyen de
3o à 4o cent. par rôle, qu'une loi de ventôse an 8
leur accorde pour droits d'expédition.

Il me paraît de toute justice de revenir sur les
dispositions de cette loi; en conciliant les intérêts
de chacun, il serait facile d'attribuer à ces fonctions un salaire établi sur des bases plus équita-
bles dans l'intérêt des contribuables : ce serait
de faire verser à l'enregistrement une partie de
ces droits de rôle. Cette mesure, il est vrai, dimi-
nuerait la valeur des offices de greffier ; mais
n'est-il pas scandaleux de les voir vendre publi-
quement au prix exorbitant où ils sont aujourd'hui

payés. Ainsi, le greffe du tribunal de première instance de la Seine s'est vendu dernièrement 500,000 fr.! Les greffes de justice-de-paix à Paris valent de 100 à 150,000 fr. Les prix des greffes des départemens sont en proportion de l'importance de la population.

Je terminerai mes investigations sur le ministère de la justice, par une proposition toute dans l'intérêt des contribuables, puisqu'elle procurerait au trésor une somme au moins de 5 à 6 millions.

La Charte de 1830 a confirmé l'existence de l'ancienne et de la nouvelle noblesse. L'art. 259 du Code Pénal protégeait jusqu'aujourd'hui les hommes légalement investis de titres, quand dernièrement la Chambre adoptant des explications données par M. de Lameth, « Qu'on ne » pouvait empêcher un jeune homme qui voulait » se marier, de prendre une qualité qui pouvait » lui faire trouver une riche demoiselle, » a repoussé l'application de la pénalité de cet article du Code, pour ceux qui induement voudront se parer de titres nobiliaires; je proposerais donc un moyen qui satisferait les hommes titrés ; car alors, la loi ne pourrait leur refuser protection dans la jouissance exclusive de leurs titres.

En Angleterre, le fisc perçoit annuellement 125 fr. pour le droit que tout Anglais paie pour porter des armoiries sur voiture, argenterie, cachets, etc.

Comme nous nous attachons à copier nos voisins d'outre-mer, nous devons comme eux imposer nos hommes titrés.

Nous avons 38,000 communes en France, on n'exagérerait pas en admettant au moins un homme noble, ou *sensé* noble, et se disant tel. Ce serait environ 40,000 personnes imposables et soumises au droit qui serait établi.

Ce droit devrait être proportionnel:

Les barons et chevaliers (*) paieraient, comme en Angleterre, ... fr. 125

Le comte *et le marquis*. 500

Le duc, prince ou *vidame*. 5,000

Ce nouvel impôt n'aurait rien que de très-juste, et il ne serait pas moins de 6 millions.

Je terminerai donc sur le ministère de la justice en faisant observer que cette administration renfermée dans les limites de l'organisation de l'an 8, il serait facile d'obtenir sur ce ministère une diminution de charges de 6,000,000, et de lui procurer, soit sur les greffes et sur l'impôt des titres nobiliaires, une rentrée de 12 millions environ, ce qui procurerait une amélioration de 18 millions.

(*) Il en coûte de 8 à 10,000 francs, à la commission des Sceaux, pour obtenir l'enregistrement des lettres de noblesse ; il serait juste de réduire ce droit de moitié pour ceux qui voudraient se faire *purger* de noblesse afin de se soustraire aux nouveaux droits.

AFFAIRES ÉTRANGÈRES.

Sur ce budget, qui s'élève à 7,502,000 francs, M. le rapporteur propose une économie de 500,000 francs.

Dans le ministère, la partie la plus nécessaire à conserver, c'est, sans contredit, l'article relatif aux consulats. De toutes les puissances de l'Europe, la France est celle dont les consuls sont le moins rétribués. Ce sont cependant les consuls qui rendent les plus grands services au commerce et à la diplomatie. A quoi servent en effet les grands dignitaires dont elle est aujourd'hui peuplée? La plupart d'entre eux sont étrangers aux études que comportent les travaux auxquels ils sont obligés de se livrer, et, fort souvent même, ils ne résident pas dans leurs ambassades; ils viennent à Paris se reposer, à l'abri de gros et larges émolumens, des fatigues qu'ils n'ont pas eu à supporter (1). Nos consuls ne sont pas assez bien traités par le budget. Cependant M. le rapporteur dit que sur 7 millions nos

(1) On compte à Paris, depuis plus de six mois, sept ambassadeurs ou plénipotentiaires se prélassant dans des appointemens énormes, au lieu d'être à leurs postes!....... M. le duc de Mortemart s'y trouve depuis 15 mois et ne touche pas moins 200,000 fr.

agens prennent 4,308,000 francs. A quoi donc sont
employés les 2,700,000 fr. de dépenses restant ?
Serait-ce à acquitter des traitemens de non activité ? Évidemment la somme est beaucoup trop
forte. On ne sait que penser en effet, de voir aujour-
d'hui certaines disponibilités portées à 20,000 fr. ,
lorsqu'en l'an 8 elles étaient fixées à 10,000 fr.
Certes, à cette époque, la France n'était ni
moins grande ni moins riche qu'aujourd'hui ,
et cependant, le premier consul avait pensé que
ce traitement de disponibilité était suffisant.

Il y a dans ce budget , comme dans celui de la
police, l'article obligé de dépenses secrètes, d'é-
trennes, etc., et de plus, la représentation de
20,000 francs que M. le rapporteur annonce être
de toute nécessité. Ce dernier article mérite
d'être retranché du budget, et il me paraît
que les frais de passeports qu'on abandonne au
ministre, pourraient suffire comme supplément,
et parer à cette dépense.

L'article du budget des dépenses particulières
et personnelles de ce ministère serait peut-être
de tous, celui qui est administré avec le plus
d'économie. Cependant, il est bon de faire observer qu'il est encore beaucoup trop fort, et
l'on pourrait, ce me semble, y faire de bonnes
réductions. Je pense qu'il serait facile, tout en
augmentant les appointemens des consuls, faire
sur ce ministère une économie d'un million au
moins, pris tant sur les 2,700,000 francs restant,
que sur les frais des dépenses particulières.

INSTRUCTION PUBLIQUE ET CULTES.

Ce budget est de 37,379,600 francs. Il doit satisfaire aux besoins des deux ministères qu'il
comprend. Je m'occupe d'abord de celui des affaires ecclésiastiques.

M. le rapporteur annonce que le vœu de la
commission, à l'égard du nombre des siéges
épiscopaux, serait de le voir fixé ainsi qu'il l'a-
vait été par le concordat de 1802. La Chambre
ne doit pas, selon moi, se borner à émettre ce
vœu; il faut qu'elle prenne une décision positive à ce sujet; elle ne saurait apporter une investigation trop sévère sur cet article du budget.
Le temps est arrivé où le prêtre de toutes les
croyances doit rester rigoureusement dans l'exercice de son ministère, et s'éloigner des affaires
de ce monde. L'empereur commit une grande
faute en rétablissant la prédominance du culte
romain avec la somptuosité de son revenu.

Un écrivain des plus distingués, M. l'abbé de
la Mennaie, dont on ne peut suspecter la piété,
demande aujourd'hui que le culte catholique,
comme tous les autres, cesse d'être salarié par

l'État. Si cette opinion était professée par tout au
tre que par ce savant et habile ecclésiastique, on
pourrait croire qu'elle est le résultat d'une haine
du siècle contre le clergé. Mais ici l'on pensera
qu'elle est toute en sa faveur.

Cette question est donc de la plus haute importance. Et, dans le cas où la Chambre ne juge-
rait pas à propos de la trancher aujourd'hui,
elle devra, du moins, avoir le soin de réformer
les traitemens énormes de l'aristocratie ecclésiastique et du nombreux état-major qui l'escorte.

En 1812, la France était plus grande qu'aujourd'hui. Elle comprenait 123 départemens, et
cependant le nombre des siéges épiscopaux était
moins grand, et les dignitaires qui les occupaient
moins rétribués qu'aujourd'hui.

La Chambre pensera sans doute que ce n'est
que par une odieuse dilapidation de la fortune
publique, que la restauration a pu ainsi élever
les traitemens des hauts dignitaires de l'église.

Elle se hâtera de faire cesser ce fâcheux état
de choses. Elle ne croira pas se montrer trop
avare en réduisant les appointemens de ces ecclésiastiques, ainsi que le nombre des sièges épiscopaux, à ce qu'ils étaient sous le concordat de
l'an X.

Quant aux curés et aux desservans des campagnes, c'est autre chose; la Chambre ne saurait
s'empêcher de respecter leurs modiques traitemens.

J'espère aussi qu'elle portera son attention sur les dépenses ou allocations en faveur de différentes maisons religieuses. Il est de la plus haute importance que le gouvernement s'occupe de cette matière. Il se présente surtout à ce sujet une question morale dont je trouve qu'il est bon de s'occuper un moment.

Ne conviendrait-il pas de prendre quelques mesures législatives qui proscrivissent ces réunions de femmes cloîtrées qui portent un si grand préjudice à l'état? Ces congrégations de femmes, où le fanatisme entretient les idées les plus contraires au bonheur du pays, et que la morale publique ne saurait absoudre? Ne serait-il pas convenable aussi de jeter un coup-d'œil sur les contrats monstrueux auxquels a donné naissance la loi du 24 mai 1825. Depuis cette époque, il a été fait environ pour 48 millions de donations à ces différentes maisons religieuses; les trois quarts de cette somme forment donc un capital en immeubles frappés de main-morte, étranger à la circulation.

Dans l'intérêt de la grande famille, tout capital doit circuler, et par cela même, doit la rétribution de sa circulation; ce sont là les principes d'une bonne économie politique; or, les biens dont je parle ne satisfont pas à cette règle; il me paraît qu'il serait bon, que par une nouvelle mesure législative on apportât des modifications aux dispositions de la loi de 1825. On donnerait à ces sociétés le temps nécessaire de se dis-

soudre, de vendre leurs immeubles, ou d'en constituer des rentes viagères sur le grand-livre de
la dette publique, dans l'intérêt des ayans-cause.

Il est impossible que la Chambre représentant
la révolution de Juillet ne s'arrête pas à de telles
considérations.

Il est encore une question fort importante qui
doit mériter l'attention des législateurs, c'est de
savoir s'il ne conviendrait pas de vendre tous
les biens des hospices dont la valeur s'élève
à 3oo,ooo,ooo environ, et d'en reporter le montant sur le grand-livre de la dette publique (1).

Ces capitaux ne rapportent pas au-delà de
2 pour o/o dans les mains de ces administrations,
et au prix qu'elles en retireraient, elles les pla-
ceraient à 5 pour o/o sur l'état.

Cet immense capital ainsi rejeté dans la circulation, doublerait de valeur par les améliorations
que lui apporterait sa division, et procurerait au
trésor un important revenu par suite des différentes mutations que lui ferait subir cette division.
Je passe au Ministère de l'instruction publique.

La liberté de l'enseignement demandée depuis
long-temps doit nécessairement apporter dans
cette partie de l'administration de grands changemens, et motiver la suppression des mille et
un rouages qui en entravent la marche. Cela

---

(1) En Angleterre, les hospices n'ont de revenus que sur le
grand-livre. Toutes successions appartenantes à des mineurs
sont également converties en trois pour cent consolidés.

réduirait le budget de l'instruction publique de plus de la moitié.

Les réductions que l'on pourrait faire sur ce ministère réunies à celle que nécessite le ministère des cultes, produiraient une économie très-considérable, elle ne serait pas moindre de 12 millions, si l'on prenait relativement aux communautés religieuses les mesures que j'ai indiquées. L'on ferait par ce moyen entrer dans le budget des recettes, une somme énorme, qui dégreverait d'autant le budget des dépenses.

Ce ne sont donc pas de simples changemens, mais une réforme générale qui est nécessaire dans ce ministère, la restauration y ayant, pour ainsi dire, établi son quartier-général. Ces 37 millions de dépenses pourront donc alors être réduites d'un bon tiers, en attendant la prochaine session dans laquelle on pourra s'occuper d'une réforme plus complette.

GUERRE.

Le budget de ce ministère, présenté par M. le rapporteur, est de 177,306,000 fr. Les réductions présentées par la commission s'élèvent à 3,051,000 fr.

La guerre ! Ce mot saint ou sacrilège selon qu'il est proféré par le défenseur ou par l'ennemi de la liberté. Ce cri répété par la grosse voix du peuple dans les journées des barricades. Oui, la guerre; si ce n'est que par elle que doivent être déchirés les infâmes traités de 1814 et de 1815.

Alors, la France aidée de la bravoure de ses enfans, reprendra sa force et sa dignité. Mais hélas ! déjà il n'est plus question de délibérer s'il nous faut la faire ou l'éviter; alors que l'étranger presse de plus en plus nos frontières d'une ceinture de fer, alors que nous avons laissé écraser dans toutes les parties de l'Europe les alliés de nos principes ; c'est sourdement que nous attaquent nos ennemis, et quand ils jugeront le moment propice, cette France, traînée alors aux assises de la propagande des rois, devra rendre compte de sa révolution de juillet, ou mourir.

Non, la révolution de juillet ne périra pas. L'imminence du danger lui rendra son union et son énergie; elle devra sa liberté et son honneur à cette guerre que les rois préparaient pour sa ruine.

Quand Carnot organisait la victoire, jamais pensait-il à fortifier Paris et Lyon? c'était les places fortes au pouvoir de l'ennemi que cet homme immortel songeait alors à armer pour s'en faire des points d'appui. Il organisait alors les quatorze armées qui se levaient en France à la puissante et patriotique voix du comité de salut publique; et si nous eûmes quatorze armées, que l'heure du combat se fasse entendre, nous en aurons quinze; c'est au chant de la Marseillaise, avec le vol de l'aigle que nous courrons à nos frontières; nos quinze armées en quinze jours seront armées et équipées, avec le fourniment que soignent nos gardes nationaux; car ces armes ne peuvent avoir d'autres destinations.

Pourquoi une certaine hébétude a-t-elle succédé à l'enthousiasme de la révolution de juillet. On n'était pas prêt, dit-on; mais sommes-nous donc revenus à la courtoisie de nos gentilshommes qui, à Fontenoy : *Après vous, disaient-ils, à messieurs les ennemis.* Que voulait le peuple de juillet? Il voulait comme celui de 92, commencer de suite, et au pas de charge.

Mais en 1830, avec la légende de l'*ordre pu-*
blic (1), on n'a rêvé qu'une guerre mécanique,
et cela pour cette lutte terrible que nous sommes
appelés à soutenir ! La révolution de juillet, c'est
toujours la suite de ce grand procès de la liberté,
dont nous avons fait sortir la cause du rôle le 21
juillet 1788, à Vizille (2), procès dont les hommes

---

(1) Quand on vit notre drapeau des barricades orné
de cette légende, on aurait dû croire ce mot nouveau comme
les circonstances ; quel a été mon étonnement de trouver
l'*ordre public* textuellement invoqué dans tous les fetfa ou
hatischerifs des sultans de l'orient étranglés jusqu'à ce jour.

(2) Comme Dauphinois, nous pouvons avec orgueil nous
dire les fils aînés de la révolution. En effet, nous avons toujours vu dans ce grand drame un Dauphinois paraître dans
les premiers rôles. On sait que Louis XVI reprochant à l'ar-
chevêque de Vienne le grand mouvement de notre province en juillet 1788, lui dit : « Monsieur de Vienne, vous
» m'avez fait une petite révolution dans ma province du
» Dauphiné. —Sire, ce n'est pas moi ; c'est mon secrétaire
» qui a tout fait. Ce secrétaire, c'était Mounier de Grenoble,
levant le premier l'étendard de la révolution, qui devint
bientôt le drapeau tricolore.

Ce même drapeau, en 1815, proscrit par toute la France,
ne flottait plus que sur un seul point, c'était à Valenciennes,
place confiée par l'empereur à la bravoure de notre illustre
compatriote le lieutenant-général Emmanuel Rey. Comme à
Saint-Sébastien, notre brave Rey voulut s'ensevelir à Valenciennes avec son drapeau, plutôt que de rendre la place aux
envoyés de Louis XVIII. Cette longue résistance lui valut une
constante persécution, trop glorieuse pour lui pour qu'il
ne s'en soit jamais plaint.

du milieu se sont faits les hommes d'affaires, aux dépens d'hommes braves et généreux qui en veulent le résultat. Et nous ne devons pas nous le dissimuler, la révolution de juillet, c'est la guerre; sa bannière, c'est celle de la propagande des peuples contre celle des rois; cette révolution vaincue, c'est la restauration des Bourbons.

Combien n'a-t-il pas dû en coûter au noble cœur du maréchal Soult, de ne pas suivre les patriotiques inspirations qui nous ont valu sous son commandement de brillantes victoire au temps de la république et de l'empire.

Quoi qu'il en soit, tout ce qui concerne la guerre a une telle importance pour moi, et l'ordre que l'illustre maréchal a mis dans son département me dispense d'une critique détaillée sur ce chapitre, et de trop m'occuper de réformes de personnel.

Dans ces circonstances, je ne puis croire à la possibilité d'une grande réduction sur les dépenses du personnel; et comme M. le rapporteur, je conviens « que la France en 1814 se trouvait » chargée des glorieux débris d'un immense » état militaire; la restauration y ajouta les » débris de l'émigration, etc. »

Mais je ne conçois pas le sentimens de justice qui fait mettre sur la même ligne l'officier vieilli dans les rangs de l'armée française, avec son corps hardé de coups de sabres de l'ennemi,

avec l'émigré ou celui qui dévalisait nos diligences, pour le compte, disait-il, desfils de St-
Louis ; quand nous, soldats de Waterloo, bri-
gands de la Loire, nous avons été fusillés ou
chassés. On pourrait donner des secours à ces
messieurs ; mais des *pensions militaires*, cela est
philantrope, mais ne me paraît pas très-régulier ;
je crois donc qu'avec une révision de ces traitemens, et une réduction au moins de 300,000 fr.
sur les 400,000 fr. de dotation de l'ordre de St-
Louis, on obtiendrait un chiffre de plusieurs
millions d'économie.

L'adjudication publique, avec concurrence,
de toutes espèces de marchés et fournitures,
procurerait certainement, dans les dépenses de
ce ministère, de 4 à 5 millions d'économies.

Que les nobles pairs de la haute chambre,
comme magnifiques gentilhommes, aient cru
devoir conserver ces bonnes manières que tout
homme noble doit de ne pas s'occuper de faire
ses comptes et des comptes justes, et n'ait pas
voulu admettre les adjudications publiques avec
concurrence, on le conçoit ; mais que cet amen-
dement contraire à *l'ordre public*, soit revenu
à la chambre basse et que, *simpre benè*, on se
soit conformé à la leçon de Messeigneurs les Pairs,
voilà, j'en conviens, de quoi rester confondu.

Nous avons certainement un nombreux état-
major et de vieux officiers, ainsi que l'a dit
l'illustre général Lamarque, est-ce leur faute à

eux s'ils ne sont pas tous morts, flétris par les chagrins et la misère. Ces économies arriveront encore trop tôt pour l'honneur et l'exemple de l'armée ; ne disputons donc pas, si telle moitié de général ou ce trois quart de colonel, peut être conservé en activité. Le temps n'est pas éloigné où ces illustres débris nous deviendront précieux, pour servir de guides et d'exemples à nos jeunes soldats ; en France, notre puissance c'est la force morale ; avec ce redoutable levier, les peuples sont capables des plus grands prodiges ; comment s'est défendue l'illustre Pologne contre un ennemi six fois plus nombreux, si ce n'est par la force morale.

Je ne conçois pas que l'école de Saint-Cyr soit conservée ; comment n'est-elle pas encore réformée comme celle de La Flèche ? On voit, folio 285, art. 2, cette école portée pour 693,062 fr. avec une réduction de 18,000 fr. Nous n'avons plus de petits cadets en France, depuis qu'en juillet nous avons chassé les aînés. Ainsi, qu'est-ce que c'est que l'école de Saint-Cyr ? on conçoit l'école Polytechnique, celle de Metz, de l'état-major et du Gymnase militaire, même de Saumur ; mais de quelle importance peut être pour l'armée et pour les quelques mille officiers de ligne ces quarante-cinq officiers sortant comme sous-lieutenans. Sous l'empereur, les élèves payans suffisaient en partie à l'entretien des trois cents élèves de l'école ; aujourd'hui il n'en est pas ainsi, et cette école,

on le sait, dans sa majorité n'est pas animée du
meilleur esprit, les murs en sont carlistes comme
ceux de l'école Polytechnique sont patriotes; on
se rappelle les relations du bandagiste Valérius
avec plusieurs de ces jeunes officiers dans l'affaire
de Saint-Germain-l'Auxerrois. La chambre s'empressera donc de demander l'annulation de ce
crédit.

Je terminerai par les Invalides. Cet établisse-
ment, comme celui de Saint-Cyr, est encore une
dépendance de la succession de Louis XIV. Tout
cela était bon sous le grand roi; c'était de la pom-
pe, c'étaient les soldats du Roi, les fils de ses sujets; les peuples payaient et ne devaient rien dire.
Aujourd'hui les peuples ont des soldats et les
payent.

L'hôtel des Invalides de Paris et d'Avignon contient un effectif de 4,270 hommes, militaires invalides, non compris les aliénés, depuis le grade
de colonel jusqu'à celui d'élève tambour. La
dépense est de 3,139,000 fr.; ce qui donne une
dépense de 705 fr. 90 cent. par homme, ou de
2 fr. 45 cent. pour chaque officier, et de 1 fr.
96 cent. pour chaque sous-officier ou soldat. J'ai
constamment entendu dire à M. Lafitte qu'il avait
donné, dans le conseil, l'avis de transporter les
Invalides à Versailles, et d'établir l'hôtel-Dieu,
qui est dans un cloaque, aux Invalides, bâtiment immense et bien aéré. En effet, ce moyen
est le plus simple, le plus économique et le plus

dans la convenance des militaires de l'hôtel. Ils coûtent aujourd'hui à l'État 2 f. par jour; à part les plus infirmes, tous préféreront, avec 1 f. par jour, retourner dans leurs foyers; là ils pourront encore ajouter à leur pension, en se rendant utiles au milieu de leurs compatriotes, les uns comme gardes-chasse, d'autres se feront instituteurs, instructeurs de nos gardes nationales. Cette mesure bien entendue procurerait au gouvernement une réduction de 1,500,000 fr., et la libre disposition de ces magnifiques bâtimens.

Je sais qu'on jettera les hauts cris sur les dépenses de notre état militaire, et sur celles d'un état-major plus nombreux qu'il ne devrait l'être; mais il y a ici une différence à faire dans les réformes que la Chambre se propose à l'égard des traitemens de disponibilité qu'elle voudrait supprimer, sur un nombre trop considérable de Lieutenans-Généraux et Maréchaux de camp... Avant de se laisser aller à une mesure, qui serait aussi inique que cruelle pour quelques-uns, mais qui ne serait que juste pour d'autres, et que j'abandonne à la conscience de la Chambre, je vous rapellerai que, lorsque l'Empereur a quitté le pouvoir en 1814, le chiffre des officiers généraux ne s'élevait qu'à 541, dont 168 Lieutenans-Généraux; et 373 Maréchaux de camps.

———
541

La première année de la restauration, ce nombre fut porté à 750,

savoir :

Lieutenans-Généraux 334
Maréchaux de camps 416
On ne s'arrêta pas là, et en 1816 il y avait :
Lieutenans-Généraux 489
Maréchaux de camps 815

TOTAL. 1304

ce qui fait 753 Généraux de plus que sous l'Empire.

Les trois quarts des généraux de l'Empire sont morts, et le peu qui en reste doit être maintenu dans la position où ils se trouvent depuis la révolution de juillet.

Serait-il juste, en effet, de mettre sur la même ligne les services des généraux de la république, et de l'empire, et de ceux nommés sous la restauration ? Quel est le député qui oserait unir dans le même faisceau, la brillante et patriotique épée de notre compatriote le lieutenant-général Rey, au couperet assassin d'un Donadieu ? Quel député voudrait ne former qu'un seul nœud, de l'écharpe d'un Canuel, dont il liait ses victimes dévouées aux noyades de Nantes, et de l'écharpe brillante du brave Lamarque, du vainqueur de Caprée, avec laquelle il hissait ses soldats, et la brandissait ensuite du haut de ce rocher, en signe de son ossianique victoire.

Non, la Chambre ne peut réunir ce que l'infamie et la gloire ont à jamais séparé; et si les Lazarroni respectent les deux colonnes qui restent, du temple de Sérapis à Naples; comment ne respecterions-nous pas les débris de tant de gloire et de malheurs, encore plus illustres dans la personne de nos vieux généraux de la république et de l'Empire; c'est entourés de respect, d'aisance et de bonheur qu'ils doivent, au milieu de nous, achever leur glorieuse vie; s'ils ne peuvent nous servir de leurs bras fatigués par la victoire, ils nous aideront de leurs influences morales : Turenne avait soixante-trois ans, quand il fut frappé du boulet ennemi; Villard avait quatre-vingts-ans, quand il arrivait à Turin, prendre le commandement de l'armée.

C'est au vieux Vurmser, que la maison d'Autriche dut de réparer ses pertes, et d'obtenir quelques victoires; c'est enfin au vieux Blücher, que cet ignorant et insolent Welington a dû de jouir d'assassiner le malheureux maréchal Ney, après avoir trouvé des Français indignes de ce nom, et assez lâches pour le condamner.

Je proposerais donc : « Que les officiers-géné-
» raux qui, à l'époque de l'abdication de Fon-
» tainebleau, étaient titulaires des emplois de
» général de division ou de brigade, fussent
» maintenus dans le cadre de disponibilité, pour
» n'être admis à la pension de retraite, que sur
» leur demande expresse. »

A l'égard des généraux de la restauration, ou promus à des grades supérieurs, *et tutti quanti*, depuis cette triste époque, la Chambre fera comme elle l'entendra; observant cependant que c'est seulement en France qu'on met les généraux en réforme : en Prusse et en Allemagne, ils meurent dans leurs traitemens d'activité.

Si on demande des réformes d'emplois ou de titres avec traitemens onéreux, il en existe aussi, des titres qui doivent être réformés par honneur et par convenance, quand il ne seraient même portés sur le budget que pour *mémoire*.

Je lis, folio 220 chapitre III du budget de 1832 :

14 Maréchaux de France (dont deux à l'étranger, pour mémoire). . . . 480,000 fr.

Qu'est-ce à dire, *pour mémoire?* Ah! je conçois!... C'est juste! C'est comme Ferdinand VII qui, dans l'almanach de sa cour, reconnaît Louis-Philippe, Roi des Français; et immédiatement après on lit : *Henri V, Duc de Bordeaux*, etc., etc., etc.

La Chambre ne doit pas connaître toutes ces cachoteries doctrinaires, ces quasi-satisfactions; la Chambre fixera le nombre douze, qui est celui de l'institution des Maréchaux de France, elle s'empressera de rayer ces deux Maréchaux qui, *pour mémoire*, pèsent sur le budget, comme ils pèsent en souvenir de sang dans les pages funèbres de notre histoire.

Il y aurait en effet inconséquence, *en révolution de juillet*, de voir conserver au nombre des
Maréchaux, les noms des Raguse et Bourmont,
et de ne pas voir le portrait du brave Ney, dans
la salle de nos Maréchaux. Mais bientôt la mémoire du brave des braves sera réhabilitée ; la
royauté nouvelle ne laissera pas échapper cette
occasion de faire connaître, d'une manière solen-
nelle, les sympathies que sous la restauration
elle a constamment déclaré avoir partagées ; elle
s'empressera d'user de sa puissante prérogative,
pour réhabiliter cette mémoire illustre, pour
laquelle elle avait témoigné alors un si grand
intérêt, et dont la position nouvelle n'a pu
qu'augmenter la vivacité.

Dans ma conviction intime, je crois à la
guerre, et j'y crois comme à une nécessité de
notre position, parce que je ne crois pas que la
liberté, *usurpant* ses droits sur la légitimité,
puisse les défendre en chapeau rond et le para-
pluie sous le bras. Je crois donc qu'il est politique de montrer à l'étranger, que si nous avons
fait des économies, nous les avons reportées
tout entières sur celles du département de la
guerre, pour lui prouver qu'aujourd'hui, comme
en 1792, nous disons encore *vaincre* ou *mourir*.

En 1815 (1), je fus assez heureux pour avoir

_____

Moniteur du 11 mai 1815.

A son Excellence le Ministre de l'intérieur.

Dans ce moment, où tous les Français sont unis de

le premier l'idée de provoquer des dons patrio=
tiques, pour les déposer sur l'autel de la patrie :
que nos sentimens et nos efforts d'aujourd'hui

cœur et d'intention, pour le seul but, eminemment digne
de leurs nobles efforts, *le salut de la patrie*, chaque citoyen
lui doit l'hommage de sa personne et de sa fortune; et
puisque toutes leurs forces se réunissent en un même faisceau, toutes les fortunes particulières ne doivent plus
être qu'une portion de la fortune publique, afin de devenir
un des moyens de salut général. Notre reconnaissance et
notre dévouement en ont laissé l'entière disposition au
seul homme, sur lequel se réunissent et tous, nos vœux
et toutes nos espérances.

C'est dans ces sentimens, Monseigneur, que je viens
déposer sur l'autel de la patrie une somme de trois mille
francs, jointe à cette lettre.

Comme en 1792, la France est aujourd'hui menacée par
le délire, trois fois vaincu, et trois fois pardonné; comme
en 1792, nous ferons de nos frontières une barrière d'ai-
rain : ces étrangers doivent disparaitre de la terre des
braves, ils ne la souilleront plus puisque nous avons le
même courage, le même dévoument, et que Napoléon
nous dirige. Comme lui, et avec lui nous sommes invin-
cibles.

Agréez, etc., DUMOULIN.

J'ai reçu, Monsieur, le don de trois mille francs que
vous voulez déposer par mes mains sur l'autel de la patrie;
les sentimens que vous a dictés votre offrande sont aussi
touchans, que votre offre est méritante; j'en ai vu l'ex-
pression avec sensibilité; votre récompense doit se trouver
dans l'emploi même de votre don; il sera consacré à l'ha-
billement des gardes nationales,

Agréez mes sentimens d'estime,

CARNOT

soient donc ce qu'ils doivent être, pour sauver le pays; et alorr aussi, et pour la dernière fois, nous pourrons dire avec confiance : « mon-» tons au capitole, en rendre grâce aux dieux. »

Je suis convaincu que la concurrence admise pour tous les marchés de ce département, ainsi que les réductions que je viens d'indiquer, pourraient bien ajouter huit millions d'économie à celle présentée par M. le rapporteur. Ce qui procurerait pour ce ministère une réduction de onze millions.

INTÉRIEUR.

Ce ministère, dont le budget est de 2,700,000 f., ne me présente pas les économies que je me propose dans cet aperçu; mon attention se fixant sur celles qui présentent une certaine importance.

Je commencerai par supprimer à M. le premier ministre les 20,000 fr. que lui alloue M. le rapporteur, pour frais de représentation;s la Chambre ne saurait trop tôt s'occuper d'en finir, avec cette représentation obligée pour nos ministres; en voyant ainsi nos Excellences trôner chacun à leur tour dans la semaine, par des réceptions légalement annoncées dans le moniteur. Je logerais tous ces bureaux de ministères dans le vieux Louvre et dans la partie neuve de la galerie qu'on se dispose à achever. On vendrait pour 10 millions de bâtimens occupés par nos Excellences; et en donnant à un ministre 50,000 f. de traitement, il resterait logé chez lui, comme les ministres anglais; on économiserait au moins deux millions par an, pour ce qu'il en coûte aujourd'hui pour toutes les résidences ministérielles, en chauffage, bougies, et entretien de mobiliers, etc.

En Angleterre, le ministre est logé chez lui, il vient à dix heures du matin travailler à son bureau, et s'en retourne à quatre heures du soir. J'étais à Londres en 1816, quelques affaires me conduisirent chez le lord Chamberling, grand-maître de la maison du Roi; je me présentai au ministère : c'était une maison toute petite, toute modeste; une femme âgée vint m'ouvrir, et fut m'annoncer elle-même, prendre les ordres du lord, et m'introduisit; là je vis de gros meubles datant du règne de Jacques Ier, et dont l'entretien bien certainement ne devait pas exiger, comme ceux de nos ministres, une dépense de 25 à 30,000 fr. par an.

Ce n'est pas seulement pour raison d'économie que je voudrais voir nos ministres travailler à leur bureau comme les ministres anglais, mais surtout sous le rapport moral.

Les habitudes de luxe et de mollesse qu'ils y prennent les détournent, à leur insu, des travaux laborieux et pénibles auxquels ils sont appelés. Ils s'habituent à faire consister leur importance dans le faste d'une vaine représentation, et non dans le rigoureux et patriotique accomplissement de leurs devoirs. Ils seront disposés à sacrifier leurs consciences pour satisfaire les caprices et les exigences de leurs courtisans, dans lesquels ils croiront trouver de nouveaux soutiens

3

pour cette haute position qu'ils ne tenaient que de leurs talens et de leurs vertus ; ils n'auront pas la force de résister à toutes les exigences de leurs nombreux alentours, et de celles de leur famille séduite comme eux par tous les prestiges d'une fausse grandeur (1).

Parlerons-nous des préfets, je les crois nécessaires ; mais puisque M. le rapporteur, en annonçant une réduction sur les traitemens de ces administrateurs, a déclaré « que la commission » n'a pas voulu qu'ils puissent représenter, » la commission étant sur la voie de la réduction aurait dû franchement adopter le traitement des préfets réglé par la loi sur leur institution, du 27 pluviôse an 8, qui fixait le minimum à 8,000 f. et le maximum à 24,000 fr. Celui de Paris recevant par exception 30,000 fr. Il y aurait donc une forte diminution sur cet article, puisque M. le rapporteur présente le chiffre de 15,000 f. pour le plus bas, et de 36,000 fr. pour le plus élevé, sauf Paris, qui est porté à 50,000 fr.

M. le rapporteur trouve inutile la suppression des secrétaires-généraux. Mais sous le ministère de M. Lainé, une ordonnance du 9 avril 1817 supprima les secrétaires-généraux. Si d'ailleurs nous reconnaissons quelque importance à l'exis-

---

(1) Dans un homme en France créé ministre, s'identifie la vertu du chat ; il tient à rester dans son habitation.

tence de ces places, je voudrais qu'il en fût comme de celles des conseillers de préfecture, et que ces emplois fussent remplis sans rétributions, par des hommes honorables. Peut-être les conseillers du préfet apporteraient-ils dans leurs délibérations et dans leurs conseils trop d'indépendance. Mais je ne crois pas que les contribuables eussent à en souffrir ; et enfin pour allé ger le travail aux citoyens honorables qui seraient appelés à remplir les fonctions de secrétaire-général, ou de conseillers de préfecture, pourquoi ne pas créer, pour chaque préfecture, trois ou quatre auditeurs pris parmis des jeunes gens zélés et laborieux, et à qui des moyens de fortune permettraient dans le chef-lieu de leurs départemens de commencer ainsi un stage de connaissances administratives.

Ce ministère, comprenant beaucoup de traitemens d'intérieur de l'hôtel, peut encore, avec plus de raison, subir les 10 p. o/o, ce qui donnerait 5oo,ooo fr. avec les autres économies.

COMMERCE ET TRAVAUX PUBLICS.

Ce budget, un des plus importans par ses immenses détails, s'élève à 112,500,000 f., sur lesquels M. le rapporteur nous donne, comme résultat des *labeurs* de la commission, une économie de 1,336,611 fr. Cette somme nous présenterait donc sur ce budget une réduction de 1 p. 100 environ ! Sans nous occuper de rechercher et de fouiller dans des bribes d'économies, il nous sera facile d'indiquer des réductions qui ne seront pas au-dessous de 10 p. 100, et que nous indiquerons sommairement.

Relativement au commerce, la Chambre devrait apporter ses soins pour autoriser l'augmentation de primes d'exportation en faveur de certains produits de nos fabriques, afin de leur conserver la supériorité qu'ils ont toujours obtenue sur les marchés étrangers ; un million employé avec habileté en primes dans certaines circonstances empêcherait l'étranger d'élever des fabriques en concurrence avec les nôtres, et si, dans la détresse où s'est trouvée la malheureuse ville de Lyon, les fabricans eussent été secourus par une prime d'exportation, ils auraient pu remplir des commissions importantes de l'étranger, et qui leur ont été enlevées par la concurrence qu'ils ont à soutenir aujourd'hui contre les fabriques de Suisse et des provinces Rhénanes.

Tout dans ce ministère appelle des réductions et des investigations d'autant plus sévères qu'il semble prendre à tâche de se traîner dans les ornières de la restauration, sans vouloir tenir aucuns comptes des immenses progrès que nous avons faits dans la science d'économie politique. Ainsi 20 millions sont affectés à l'entretien des grandes routes, quand tout le monde se plaint de leurs mauvais états; en bonne administration, ceux qui exploitent les routes ne devraient-il pas les entretenir? Le roulage, les maîtres de poste, et surtout ces derniers possesseurs de privilége, devraient y concourir pour une forte portion.

Il en est de même de ces travaux de canaux pour le compte du Gouvernement, opération imaginée entièrement par quelques banquiers pour gagner et tripoter sur l'émission des actions; si le Gouvernement eût livré ces travaux à la concurrence du public, on aurait trouvé dix compagnies qui en auraient brigué la concession, et depuis long-temps ces canaux seraient terminés, et la moitié de ce qui a été dépensé par le Gouvernement aurait suffi et au-delà pour les achever. Aujourd'hui qui sait quand ils seront terminés?

Veut-on savoir ce que peuvent prodūire des travaux livrés à l'industrie des particuliers ; l'Amérique nous en fournit un exemple remarquable.

Il existe maintenant aux États-Unis onze chemins de fer, dont la longueur totale est de 17
myriamètres, 7 kilomètres. Dans ce nombre,
six sont simples, et 5 à double voie. Le plus
long à 2 myriamètres 57 kilomètres ; et le plus
court, 4827 mètres seulement ; parmi ceux
qui sont à simple voie, le meilleur marché a
coûté 10,840 fr. par mille ; le plus cher, 59,620 f.
Parmi ceux à double voie, le meilleur marché a
coûté 29,832 fr. ; et le plus cher, 65,040 fr. :
quatorze autres chemins de cette espèce sont en
construction, et formeraient une longueur de
156 myriamètres ; le plus long sera celui qui ira
de Baltimore à l'Ohio, il est à double voie, et
aura 54 myriamètres de longueur ; on estime
qu'il coûtera 119,240 fr. par mille. Dans une
partie de ce chemin déjà construit, le seul ouvrage d'art appelé la chaussée de Patterson,
sorte de tunel souterrain à travers lequel le
chemin se dirige, on remarque une construction
de plus de 10,000 perches cubes de maçonnerie ;
cette chaussée est construite en blocs de granit
écarris, pesant de 1 à 7 tonneaux ; la distance de
la surface de la voie à la clef de la voûte est de
plus de 30 pieds ; et tout cela se fait par adjudication
publique et sous un gouvernement à bon marché.

En Angleterre, s'agit-il de travaux aussi im-

menses, de ponts, de canaux, les journaux
annoncent l'adjudication, et au terme fixé le
canal, le pont, sont livrés à la voie publique.

Admettons, ainsi que nous l'avons fait observer précédemment, l'organisation des différentes administrations dictées par le vaste génie
du premier consul : en l'an 8, les employés recevaient alors un tiers de moins de traitement,
et ce personnel, dans chaque ministère, était d'un
tiers moins; économie immense que la chambre
peut obtenir en prenant une mesure radicale à
cet égard.

On ne peut cependant se refuser de reconnaître
une grande lucidité dans le rapport présenté par
M. Thiers, annonçant que, sur le budget, 201 millions passent à des traitemens, l'armée comprise;
sur ces 201 millions, il y a 102 millions en traitemens au-dessous de 2,000 fr., 31 millions de 2 à
3,000 fr., et 28 millions de 3 à 6,000 fr. La totalité de ces traitemens comprenant 163 millions
sur 201 millions, c'est donc 38 millions qui restent affectés au service des traitemens de 10,000 f.
et au-dessus. M. le rapporteur convient qu'il peut
exister des abus; il en porte même le chiffre de
quatre à cinq millions, la chambre peut donc,
sur ces 38 millions, trouver une forte réduction
que l'adoption de l'organisation de l'an 8 rendra
bien plus fructueuse et plus facile.

Ce court aperçu ne me permet pas de me
livrer à toutes les investigations que mérite le

budget de ce ministère ; il y a à réduire sur tout, parce que les frais énormes de notre administration viennent moins du nombre et des traitemens des petits employés, que du nombre considérable des hauts employés créés par la restauration pour l'entretien de ses créatures, et qu'il est de toute nécessité de réformer. Alors, il sera facile de trouver la réduction de 15 millions que doit présenter le budget de cette administration, sans crainte d'y jeter le désordre, comme paraîtrait le craindre monsieur le rapporteur.

MARINE.

Sur ce budget de 65,000,000, M. le rapporteur présente une réduction de 1,556,400 fr., annonçant que ces économies ont été obtenues « sur » certains travaux ralentis, dont l'exécution ne » semblait pas urgente. »

Depuis Louis XVI notre marine a été dans une décadence constante. Cette guerre impie, soudoyée par l'Angleterre contre notre révolution, a donné à cette puissance la domination des mers qu'elle a recherchée au prix de tant de perfidies et de sacrifices.

Aujourd'hui notre nom est à peine connu dans l'Inde. L'Angleterre y commande à 130 millions de sujets, dont elle seule peut impunément exploiter l'industrie, et monopoliser le travail d'ouvriers qui vivent par jour avec 2 sols de notre monnaie ; elle inonde les quatre parties du monde des produits immenses en soies, sucres, etc., etc., qu'elle tire de cet immense continent *.

* Cette injuste ambition d'exploiter exclusivement le commerce du monde, explique les efforts soutenus de

Si l'Angleterre a tremblé devant le génie de l'empereur, il est un nouveau sujet de crainte pour sa puissance maritime, auquel elle n'échappera pas : c'est la découverte de la vapeur appliquée à la navigation, découverte qui appartient à un Français. Ce Français fut le premier qui en 1785 fit manœuvrer sur la Seine un navire à l'aide de la vapeur, devant Louis XVI et aux applaudissemens de toute la cour.

A quoi tient cependant la chûte ou l'élévation des empires ; combien leur existence apparaît fragile, quand on songe qu'un mot, qu'une rencontre de deux individus pouvait changer la face du monde.

Fulton revenait d'Amérique ; déjà dans cet hémisphère d'heureux essais avaient été faits pour diriger des bâtimens à vapeur, et les utiliser sur la grande mer (1) ; l'empereur alors s'occupait beaucoup du projet d'une descente en Angleterre. Tous nos ports, nos chantiers fournissaient à grands frais des barques canonnières. Fulton voulut avoir une audience de l'empereur ; il s'adressa au chambellan M***, et voulut lui

───────────

l'Angleterre et l'hypocrisie de son Wilbeforce pour l'abolition de la Traite des Noirs, elle voyait dans ces malheureux esclaves des ouvriers en concurrence avec ses sujets des bords du Gange.

(1) C'est dans l'exil et de mes entretiens avec l'archichancelier Cambacérès que je tiens ces détails.

faire connaître le motif de l'audience qu'il solli‑
citait ; ce chambellan le prit pour un fou, et en
causa gaîment dans les salons : on comparaît
alors ce projet à celui que nous cherchons de‑
puis long-temps pour la direction des ballons.
Le ministre Decrès, d'ailleurs officier de marine
distingué, administrateur intègre, le reçut avec
prévention, l'écouta sans l'entendre, et lui pro‑
mit d'en parler à l'empereur. Après beaucoup
de démarches, d'attente, il reçoit sa lettre d'au‑
dience, et la veille l'empereur partit pour
vaincre la Prusse et gagner la bataille de Jéna.

Que n'aurait pas produit l'entrevue de Fulton
avec l'empereur ! Ce vaste génie l'eût compris
dans un instant. Avec les 400 millions qu'il avait
dans les caves des Tuileries, il aurait fait con‑
struire d'immenses machines conduites par la
vapeur, de la force de 50 à 300 chevaux. Nous
aurions eu dans le détroit, pour faire notre des‑
cente, une force navale considérable, indépen‑
dante des vents et qui pouvait suppléer aux
matelots exercés qui nous manquaient, et
nous aurions vu dans la Manche, des machines à
vapeur manœuvrer comme de l'infanterie, et
d'autres avec toute la vitesse de la cavalerie
légère.

Nous avons en ce moment onze bâtimens à
vapeur ; dix sont sur les chantiers ; accordons
tous les fonds qui seront demandés pour l'éta‑
blissement d'un matériel aussi précieux, nous

devons nous rappeler tout le service qu'un seul bâtiment à vapeur a rendu à notre escadre lors de la prise d'Alger.

Cette réduction de 1,556,400 fr. annoncée par M. le rapporteur, nous fait espérer qu'il en est d'autres que nous pourrons obtenir, toujours, sans porter sur les dépenses utiles, car celles-là sont productives.

Dans le ministère de la marine, il est facile de reconnaître un état-major trop nombreux, un corps considérable d'officiers de tout rang, dont le nombre est double de ce que nous pourrions employer même en temps de guerre. C'est dans cette arme surtout que la restauration a placé beaucoup de ses favoris, de ces marins d'eau douce qui n'avaient jamais passé que le détroit ; la perte et la catastrophe de la Méduse en est une triste et terrible preuve.

Il faudrait donc revoir et réduire ce nombreux personnel, revenir à la loi du 27 mai 1791, aux décrets de l'an 8 ; car depuis la restauration, toutes les lois et ordonnances qui se sont occupées de la marine, comme de tous les autres services, ont eu pour résultat de créer des sinécures et d'augmenter d'un tiers la solde de toute espèce d'indemnités.

Il est un article bien intéressant dans ce ministère, qui mérite toute l'attention de la Chambre : c'est le sort des forçats ; cette classe si malheureuse est encore aujourd'hui privée des améliorations philantropiques que toutes les classes de la société ont obtenues depuis la révolution de 89. Espérons que celle de 1830 apportera quelques soulagemens à leur position. Le Gouvernement, dit-on, s'occupe de projets de maisons péniten-cières. J'ai connu le malheur ; dans toutes mes arrestations politiques j'ai fréquenté beaucoup ces infortunés, et j'ai acquis la conviction que les sept huitièmes étaient criminels par besoin (1) ; la plupart ne devaient leur entière corruption qu'au séjour des prisons ou des bagnes, dont l'organisation est horriblement vicieuse.

Je rappellerai toute l'importance des marchés et fournitures avec concurrence ; c'est toujours le moyen d'obtenir à meilleur marché, et il est évident qu'avec des réformes justes et nécessaires ce budget de 65 millions pourrait bien présenter une réduction de dix pour cent, ce qui serait 6 millions 500,000 fr. d'économie.

_____

(1) Un pauvre malheureux du faubourg Saint-Marceau, qui m'a servi à la Force, introduisit son petit garçon dans la boutique d'une fruitière en brisant un carreau ; c'était la veille de Noël, il lui fit prendre une grosse dinde. Le petit drôle, furieux de n'en avoir mangé qu'une cuisse, s'en plaignit à ses petits camarades. Son malheureux père fut condamné à 7 ans de fer. Si, au lieu de vouloir manger une dinde pour la fête de Noël, ce misérable eût fait comme cet *infortuné caissier*, prendre six millions dans le Trésor, on lui aurait fait sans doute une souscription, comme nous le voyons aujourd'hui.

FINANCES.

M. le rapporteur paraît ne vouloir permettre à la Chambre de porter son investigation que sur ce qu'il appelle les services généraux des huit ministères, montant 1° à 444,724.800 fr., 2° pour frais de perception, à 118,211,833 fr.; les trois articles ci-après paraissent devoir rester à l'abri de toutes réductions, savoir :

Les dettes de tous genres, dette fondée, flottante, viagère, pensions, retraites, ci fr.345,541,517
Dotation de la Chambre des Pairs, des Députés, de la Légion-d'Honneur , ... 4,602,417
Remboursemens, primes et non-valeurs. 42,989,443
Ensemble 393,133,377

Ces divers services, montant à cette somme de 393,133,377 fr., paraissent à M. le rapporteur inattaquables ; c'est donc sur quelques employés en général, frais de perceptions ou travaux suspendus, que la commission a cru devoir arrêter et fixer ses économies, qu'elle fait monter à 10,659,082 fr. Dans cette somme, le ministère des finances s'y trouve compris pour la somme de 2,469,054 fr. Et avec cette confiance que M. le rapporteur a dans ses talens et dont il a donné des preuves incontestables dans ce rapport, il ajoute : « Votre commission a opéré toutes les » réductions qui lui ont semblé praticables; » elle ne s'est arrêtée que lorsqu'elle a eu la cer- » titude qu'en allant au-delà, elle compromet- » trait le service. »

Et plus bas, il ajoute: « Les précédentes com- » missions de finances, agissant sur un budget bien » plus facile à réduire, puisqu'il ne l'avait pas » encore été, n'avaient jamais réduit plus de 4 à » 6 millions; *la vôtre, se fondant sur la misère du* » *temps, est allée jusqu'à* 10 ; au-delà commen- » çait le désordre administratif. »

« C'est pourquoi, vous dit encore M. le rap- porteur, des hommes consciencieux, après des » mois de travail, ne trouvent que 10 millions » d'économie à vous présenter. »

Il ne m'est pas possible de croire que les cons- ciences de la Chambre ainsi représentées, puissent satisfaire pleinement les exigences des contri- buables en ne leur présentant qu'un pour cent de diminution sur un budget aussi énorme.

Dans une autre partie de son rapport, M. Thiers, en traitant de l'amortissement, dit :

« que là, il est vrai, et bien vrai, qu'on pourrait
» facilement obtenir 3o ou 4o millions.

M. le rapporteur a raison, ce sont là de ces
économies qu'il faut faire ; ce qui promettrait
alors de moins s'occuper de celles toujours parci-
monieuses que peut offrir la réduction du personnel d'une administration.

Je parcourrais donc aussi brièvement que le
temps me le permet ce ministère des finances ;
car, aujourd'hui, c'est le point d'appui de nos
modernes Archimèdes ; tout est finance. C'est l'aristocratie financière que la révolution de juillet a
élevée sur toutes celles qui l'avaient précédée.

Cette aristocratie convient-elle bien aux mœurs
d'un peuple grand, généreux comme celui de la
France ? je ne le pense pas : l'aristocratie de l'ancien
régime est tombée, minée par les vices, les pro-
fusions de cours débauchées La banqueroute du
prince de Guémenée fut l'indice des désordres
sous lesquels a dû succomber cette aristocratie,
aux premiers coups qui lui ont été portés par la
révolution.

« Le grand et vaste génie qui (selon M. de
» Chateaubriand), ne savait pas que les miracles
» de sa vie dépassaient la valeur d'un diadème,
» et que cet ornement gothique lui siérait mal, »
crut voir des obstacles insurmontables à la paix,
s'il ne parvenait à reconcilier la révolution française avec l'aristocratie de l'Europe. Dominé par
cette idée dans les circonstances d'alors, il jugea

nécessaire d'amender les principes de notre révolution : il créa une noblesse, mais sans prérogative aucune, et accessible, au contraire, au talent et à la bravoure du soldat (1), comme elle était aussi une récompense accordée à l'activité du fabricant.

Cette aristocratie militaire était grande, brillante et généreuse ; dans les circonstances difficiles où elle s'est trouvée, sa conduite n'a pas répondu, il est vrai, à l'espérance qu'on devait fonder sur son origine populaire. Les derniers débats de la chambre des pairs nous en ont donné un triste exemple, quand nous avons vu le fils d'un de nos plus braves se rallier de sentimens au fils de celui qui fut chassé par Mirabeau. La révolution française a donc eu raison de proscrire toute espèce d'aristocratie. Mais aujourd'hui, nous dit-on, nous avons une aristocratie populaire. Pourquoi alors entendons-nous à la tribune les organes du gouvernement nous dire « qu'un » bon gouvernement ne doit pas être populaire » (M. Guizot) ? Mais sans popularité pour la mo-

_____

(1) Après la bataille de Wagram, l'empereur rendit un décret qui accordait le titre de baron avec une dotation de 2,000 fr. au plus brave soldat de chaque régiment présent à cette bataille ; des sous-officiers ou soldats furent créés barons. Notre compatriote Raverat de Crémieux, sous-lieutenant, fut créé baron.

4

narchie de juillet, je ne vois que ruine et catastrophe. N'est-ce pas avec la popularité que nous
entretiendrons dans les masses cette union, cet en-
traînement si nécessaires pour défendre nos frontières et cette révolution de juillet, quand nous
serons attaqués par cette vieille haine que l'aristocratie de l'Europe a vouée à nos institutions?

Ah ! si dans le bras d'un Palhen, d'un Orloff,
Charles X eût été enlevé par un coup d'apoplexie,
et que Dieu eût encore enlevé à l'amour de la
France cet autre enfant de miracle, alors le peuple
de Paris aurait appris par le bourdon de Notre-
Dame qu'il avait perdu son maître; le clergé
en grande chappes eût précédé les habitans du
noble faubourg, et se précipitant ensemble aux
pieds du nouveau monarque porté au trône par
de si nobles bras se seraient écriés : le roi est mort !
vive le roi! oh ! alors nous vivrions en paix avec
toute l'Europe. Mais aujourd'hui il faut avoir le
courage de se rendre compte de sa position; la
monarchie de juillet ne peut exister que par sa
popularité. Si les révolutions religieuses ne peuvent venir que d'en bas, et ne se conservent que
par les racines qu'elles jettent dans l'esprit des
classes inférieures, il n'en est pas de même des révolutions politiques de semblable origine. Le succès de ces dernières dépend surtout de la fidélité
des gouvernans aux principes qui les ont élevés.

On a voulu nous parler de quasi-légitimité, et
comparer notre révolution de juillet à celle de

l'Angleterre en 1688; ce n'est pas une erreur, c'est de la mauvaise foi. En Angleterre, ce fut l'aristocratie qui fit la révolution, John Bull n'y prit aucune part.

Pour conserver notre monarchie de juillet, entourons-la donc de plus de popularité possible, et ce qui plaît le plus au peuple, c'est un gouvernement à bon marché.

AMORTISSEMENT.

La partie disponible de l'amortissement se monte à 44 millions; c'est cette énorme somme dont on demande le dégrèvement; les opinions de nos plus honorables mandataires sont partagées sur cette importante question, c'est donc avec une certaine défiance de moi-même que j'apporte ici le tribut de mes réflexions.

Les uns pensent que le maintien de cet amortissement est un moyen de crédit qu'il est important de se conserver si nous faisons la guerre : alors, disent-ils, nous emprunterons à meilleur marché; et dans le cas contraire, en cas de paix, cet immense amortissement force nos rentes de 5 p. 100 à dépasser le pair, et de les rembourser à 4 p. 100. Voilà les principaux argumens de ceux qui veulent conserver cet amortissement.

Je répondrai en peu de mots à ces deux observations. Si nous avons la guerre, nous devons la faire encore aujourd'hui comme l'ont faite nos pères en 92; pour nous, c'est la question *to be or not to be*; ainsi être ou n'être pas en anglais, se traduit en français, *vaincre ou mourir*. Dans ce cas-là nous serons vainqueurs, parce que nous ferons une guerre de masse; nous n'aurons donc pas le temps ni d'emprunter, et encore bien moins d'amortir.

A l'égard du bénéfice en temps de paix, que le Trésor est appelé à faire en remboursant à 4 p. 100 sa rente de 5 qui aura dépassé le pair, c'est une amélioration que nous devons attendre du temps sans nous mettre violemment dans la position d'en jouir de suite. Nos neveux ne nous accuseront pas d'avoir sacrifié leurs intérêts, puisque nous leur aurons légué la liberté, qui déjà a coûté le repos à deux générations; et comme vous le dit M. le rapporteur : « Le temps diminue chaque » jour, et à lui seul, vos pensions de tant d'espè- » ces, vos pensions militaires, ecclésiastiques, etc. » Le poids des charges n'est que relatif; il dépend » de la richesse; or, la richesse marche sans cesse, » et marche vîte en France, etc. »

Ainsi, Messieurs, si par suite de la suppression de ces 44 millions de rentes, nous amortissons moins vîte notre dette, d'un autre côté, nous laisserons aussi un plus fort capital dans la masse des contribuables. On croit que 5 fr., 10 fr. ne sont rien pour un contribuable; avec 10 fr., il plantera cinquante arbres; dans cinq ans, ces cinquante arbres lui permettront déjà d'en planter cent; dans dix ans, ces cent cinquante arbres augmenteront son bien-être et sa fortune.

N'est-ce pas là aussi un amortissement que celui

qui augmente le bien-être des peuples, et bien plus efficace que celui qui a pour but de faire la fortune d'hommes à qui l'état doit des intérêts convenus, mais rien de plus.

On invoque si souvent l'Angleterre lorsqu'il s'agit de pondération de pouvoirs, d'équilibre politique, et de tant d'autres prétendus ressorts de système représentatif, qu'il doit nous être permis d'invoquer les opinions des hommes d'état de la Grande-Bretagne, lorsqu'ils appellent des mesures utiles aux classes inférieures.

Dans la séance du parlement du 17 octobre, lord Wellington adressait au ministère ce singulier reproche, « Que par l'énorme réduction » qu'il avait opérée sur les taxes indirectes, l'ex- » cédant du revenu sur les dépenses publiques » avait été tellement minime qu'il n'avait pas » été possible de fournir des fonds à l'amortis- » sement de la dette publique. »

Lord Grey répondit « qu'il regardait comme » inutile d'avoir un exédant de revenu destiné à » réduire la masse immense de la dette publi- » que; l'argent qu'on laisse dans la poche du » cultivateur, du commerçant et du manufac- » turier tend davantage à soulager le peuple et » augmenter la prospérité publique. »

Nous savons tous aujourd'hui que l'Angleterre a aboli son fonds d'amortissement, et qu'on ne lui consacre que l'excédant des recettes quand il s'en trouve, ce dont lord Wellington se plaignait de ne pas trouver. C'est là toute la satisfaction laissée aux préjugés des routiniers de la Bourse de Londres.

Lord Granville, qui en 1786 fut un des plus chauds partisans de l'institution de l'amortissement, désabusé de son erreur, crut devoir communiquer à ses concitoyens sa nouvelle conviction dans une brochure, avec cette épigraphe du mot de Solon, *je vieillis en apprenant toujours*. Ce même lord Granville a été celui qui a contribué le plus à l'abolition du fonds d'amortissement, décidée par un bill du parlement en 1829.

Un amortissement aussi considérable que le nôtre, puisqu'il est près de 2 174 pour 010 pour le capital de notre dette, est plus qu'inutile; il est immoral parce qu'il donne une valeur factice au capital, engendre et alimente l'agiotage, et dans la première crise, donne lieu inévitablement à des secousses, qui ruinent et engloutissent la fortune de confians rentiers et de paisibles capitalistes.

Je considère ces 300,000 francs, qui tous les jours à la Bourse fonctionnent pour l'amortissement par des achats de rente au comptant, comme un appeau pour attirer les joueurs, nécessaire à l'entretien de cette grande roulette. Ainsi, quand le crieur annonce les cours de la rente au comptant, on dirait entendre ces mots de celui qui taille les cartes à Frascati; « *Faites votre jeu, Messieurs!* »

Je ne partage pas l'opinion de M. le rapporteur quand il croit que « ces capitaux que la
» France envoie tous les jours de la Bourse, ne
» vont pas dans les mains des joueurs ; loin de
» là, ils vont dans les mains de celui qui se
» retire de la rente. »

Je reste convaincu qu'il n'est aucun propriétaire de rentes qui se décide à sortir de ce genre
de placement, aussitôt qu'il en connaît l'agrément; il y a dans le placement de ses capitaux
sur la dette publique, ce *far niente* auquel il ne
peut plus renoncer. Habitué comme il est à recevoir son revenu aussi exactement, sans contact
avec un homme d'affaires, notaire ou avoué, et
recevoir ses 5 pour 0/0, quand le propriétaire
n'en reçoit pas 3.

On nous dit d'un autre côté : l'armortissement, tel qu'il est avec la paix que nous espérons
conserver, portera rapidement notre rente au-dessus du pair ; alors, nous pourrons rembourser et réduire l'intérêt de 5 à 4 pour 0/0. Je ne
ferai qu'une seule observation : pendant près de
3 ans nous avons vu le 5 pour 0/0 rester long-temps au cours de 10 fr. et atteindre celui de
110 fr, sans le secours de l'amortissement, attendu
que son prix ait arrivé au-dessus du pair. Ce sera
donc à la paix et à une bonne administration que
vous devrez la hausse de la rente, et non à cette
institution de l'amortissement que vous devrez
l'élévation de son prix.

Quand le gouvernement fit connaître son intention de rembourser sa dette 5 pour 0/0, par une conversion en 3 pour 0/0, avec quelle désapprobation ce projet ne fut-il pas accueilli par tous les porteurs de rente. Ce n'était qu'un cri de détresse, c'était la banqueroute, disaient-ils; ce qui vous prouve que le paisible porteur de rente ne songe qu'à la tranquille jouissance de son revenu, et s'occupe peu de la garantie présentée par l'amortissement, qui n'est réellement qu'un petit remboursement journalier.

Après avoir examiné l'amortissement dans ses résultats généraux, il ne me reste plus qu'à traiter la question légale, qui consiste à savoir si, en supprimant les 44 millions acquis à l'amortissement, les engagemens contractés ne sont pas violés envers les prêteurs.

Cette objection est sans doute la plus spécieuse de toutes; mais la réponse est facile et tout-à-fait victorieuse.

On ne peut d'abord s'attacher à la lettre à une interprétation judaïque des lois, il faut aussi en admettre l'esprit. Car alors ce serait vouloir s'interdire toutes mesures en améliorations financières. Les contrats publics ne peuvent être assimilés aux contrats privés : les premiers sont d'utiles barrières en politique contre le retour au passé, mais toujours prêtes à s'abaisser devant ces améliorations qu'apportent l'expérience et les besoins nouveaux des peuples.

Mais, sans recourir aux droits imprescripti-
bles des peuples, qui, comme mineurs, ne peuvent être engagés au-delà de ce que la justice leur
commande de respecter, j'aborderai franchement
la discussion sur les différentes lois qui ont régi
la matière.

La loi du 28 avril 1816 créa une caisse d'a-
mortissement de 20 millions pour notre dette,
se montant à plus de 100 millions.

Ce qui alors était moins de 1 p. 100 en 1817.
L'état se disposant à émettre une forte quantité
de rentes destinée à acquitter la libération de
notre territoire, porta la dotation de l'amortissement à 40 millions, en y joignant le produit
d'une certaine quantité de bois ; cette mesure nécessaire alors par la triste position où se trouvait
la France, cesse aujourd'hui de plein droit ; et,
m'appuyant du bénéfice de l'art. 109 de la loi
du 28 avril 1816, portant que « les rentes rache-
» tées par la caisse d'amortissement *seront an-
» nulées aux époques, et pour la* quotité qui se-
» ront déterminées par une loi. »

Ce texte n'a point été modifié par la loi du 25
mars 1817, ni dans aucune loi de finances. La loi
du 1er mai 1825 a déjà ordonné une exécution
de la réserve de cet art. 109 de la loi de 1816,
puisqu'elle avait ordonné l'annulation de rentes
3 p. 100, acquise par l'amortissement, qui aujourd'hui s'élève à environ 17 millions de rentes
rachetées.

C'est donc avec un droit consacré par toutes nos lois, que nous pouvons annuler aujourd'hui ces 44 millions de rentes acquises par l'amortissement.

Les lois qui régissent les peuples doivent être conformes à l'équité et à l'intérêt du plus grand nombre.

Par aperçu on peut admettre que les rentes inscrites le sont aux propriétaires ci-après, soit en 5, 4 1/2, 4 et 3 p. 100.

1°. 75 millions de rentes immobilières ou acquises par la caisse d'amortissement.

9 millions appartiennent à des établissemens publics ou à des compagnies, et ne sont guères susceptibles d'être transférées.

8 millions sont inscrits dans les départemens, et restent dans les mains des propriétaires sans changer souvent de portefeuille.

117 millions appartenans à différens propriétaires à Paris ou à l'étranger ; on peut admettre que l'étranger en possède 50 à 60 millions.

6 millions restent dans les mains des banquiers, agens de change, ou agioteurs.

215 millions pour le total de notre dette.

Dans ces cinq classes de parties intéressées dans notre dette publique, on voit donc nos départemens qui se présentent pour 6 millions, moins de 4 p. 100 du capital inscrit, et que tous les autres propriétaires de la rente ne demandent qu'à jouir paisiblement de leur revenu ; si ce n'est qu'une certaine portion de rentes de 6 millions environ, dites flottantes, et appartenant au jeu de la Bourse, rentes qui changent de mains journellement. Ce sont donc ces rentes, véritables cartes des joueurs, qui sont mises en mouvement par celui de hausse et de baisse qu'entretient la caisse d'amortissement. Parce qu'il est bien démontré que si la Bourse ne recevait pas journellement cet *argent neuf* que lui apporte la caisse d'amortissement, le jeu s'affaiblirait considérablement, les fonds publics, privés de ce moteur factice, arriveraient à des prix moins élevés; mais aussi on ne verrait pas des fluctuations qui viennent enlever momentanément au capital le tiers et le quart de sa valeur, et effrayer de paisibles rentiers étrangers à ces combinaisons que d'habiles agioteurs étrangers exploitent avec tant de succès; car il est bien démontré que les 87 millions de l'amortissement sont occupés du rachat de ces 6 millions de rentes de jeu.

Objectera-t-on l'inopportunité de la réduction de l'amortissement! jamais elle n'a été plus impérative, quand nous nous trouvons devant un budget qui dépasse un milliard, et une population qui succombe sous le poids des impôts.

1°. Je n'hésiterai donc pas à demander l'annulation immédiate des rentes acquises par l'amortissement et de celles qui seraient journellement achetées ;

2°. Régularisant définitivement l'amortissement, je le doterai d'un pour cent du capital, qui serait consacré à n'acheter que sur les fonds qui se trouveraient au-dessous du pair. Cette mesure adoptée présenterait une réduction de 44 millions environ.

En me bornant au retranchement de la partie des rentes acquises, c'est encore conserver un amortissement de un pour 100, égal à celui de toutes les puissances de l'Europe.

L'Angleterre n'a plus d'amortissement. Don Miguel, Ferdinand VII et le Pape n'ont qu'un pour cent. Le juste-milieu entre l'Angleterre qui vaut quelque chose, et les autres qui ne valent rien, serait de demi pour cent. Cet amortissement, pour nous, serait suffisant, car notre dette est la plus sûre de l'Europe.

Je viens appeler toute votre attention sur un objet qui est également d'un grand intérêt.

Les paiemens des arrérages de rente se paient au porteur ; il existe bien certainement un nombre considérable d'inscriptions de rente, dont le capital ne doit pas être au-dessous de 50 millions, et dont les véritables propriétaires sont ou morts ou inconnus aujourd'hui ; ces rentes, restées dans les mains de ceux qui en reçoivent le paiement sans avoir aucuns droits, doivent être considérées

en déshérence, et appartenir au trésor de l'Etat.
Il serait donc d'un grand intérêt que, dans un dé-
lai fixé, tous les porteurs de rentes eussent à
justifier de la possession de leurs inscriptions, pour
lesquelles il leur serait délivré un nouveau titre.

Il est au nombre de nos charges publiques un
article de 9 millions de rentes à 4 pour 100 du
capital provenant des cautionnemens des différens comptables ou officiers publics.

M. le rapporteur annonce que plusieurs idées
nouvelles ont été émises à ce sujet dans la commission dans laquelle il a été question de diminuer l'intérêt, peut-être aussi de le supprimer.

Cette question tient en effet à des considérations qui demandent d'être traitées avec la plus
grande réserve.

La solution de la question de la Pairie à aboli
tous les droits politiques héréditaires. Cette
grande mesure a dû résoudre également l'abolition de l'hérédité de l'exercice d'offices publics;
mais si cette hérédité, ou ce privilége est nécessaire pour conserver l'ordre établi dans notre société, l'agent public investi de ce privilége ne
devrait-il pas apporter au trésor un certain droit
représentant une cote de patente. Ainsi, à Paris,
le banquier paie 500 fr. pour une patente de
première classe. Ce négociant, obligé de se livrer
à des opérations souvent chanceuses pour couvrir
de fortes dépenses, se trouve ainsi en proie à
une existence constamment agitée; mais le no-

taire, l'avoué, l'huissier jouissent paisiblement de l'exploitation héréditaire de leurs offices, qui, par leur nombre extrêmement limité, sont d'une valeur très-considérable. Ainsi une charge de no taire se vend, à Paris, de 300 à 500,000 fr., une charge d'avoué en première instance, de 200 à 250,000 fr., commissaire-priseur, agréé, etc.

Dans le compte de la dette inscrite, vous trouvez le détail des cautionnemens de ces agens publics, s'élevant à 225 millions de capital. Eh bien! il n'est pas un seul titulaire de ces espèces de corporations qui ne préféreraient doubler son cautionnement, en abandonner même le revenu, plutôt que d'en voir doubler le nombre, et cependant nous avons moins d'avoués qu'il n'y avait de procureurs avant la révolution; Paris a doublé sa population depuis 89. La valeur de ces opérations a décuplé, et cependant nous avons toujours cent-treize notaires et soixante agents-de-change, nombre fixé par les édits de Louis XIV. Aussi les belles habitations de la capitale, les belles terres de nos anciens fermiers-généraux, sont aujourd'hui leurs propriétés.

On va s'écrier que je propose la vénalité des charges; une étude de notaire, d'avoué, est une propriété, et ce serait dans l'intérêt des contribuables que je ferais ma proposition. Aujourd'hui, la loi ne leur reconnaît pas cette propriété, elle leur accorde seulement le droit de *la présentation* de leur successeur, qui est

nommé sur leur *démission*; il serait donc dans
leurs intérêts et dans celui du public, de
leur reconnaître la propriété incommutable de
leurs offices, sur lesquels ils pourraient accorder hypothèque; il abandonneraient à l'Etat l'intérêt de leurs cautionnemens, et par cette combinaison ils y gagneraient encore plus que les
contribuables (1).

A l'égard des autres comptables chargés de
percevoir les deniers publics, il n'en est pas un
seul qui renoncerait à un emploi aussi lucra-
tif pour le modique intérêt qu'il reçoit de son
cautionnement.

Cette décision bien conforme à l'esprit de la
Charte, qui veut « que tout Français contribue
» aux charges de l'État dans la proportion de sa
» fortune, » apporterait au trésor cette économie de 9 millions.

Je vais maintenant, Messieurs, vous entretenir
de la Bourse, véritable temple de Plutus, dont le
sanctuaire est l'antre de Poliphême. Là, les rois ab-
solus, les rois modèles en sont les derniers sujets,
ils y ont le plus mauvais crédit, ils y tiennent le
goupillon à la porte du temple. (2) Si nous nous

_____

(1) Ces offices, jouissant de tous les droits de la propriété,
devraient également être soumis au droit de six pour cent
de la valeur, quand il y aurait mutation.

(2) Le tableau de la rente d'Espagne est comme le bé-
nitier, il est placé sur le pilier le plus près de la porte de
la Bourse.

reportons vers le passé, que voit-on ? l'Espagne
soutenue par l'argent enlevé à notre Bourse par
un habile financier; Naples y trouve un emprunt
pour y comprimer le plus saint des devoirs. La
maison des Romanoff, ruinée dans sa guerre contre la Porte, trouve, dans les coffres de la maison
Rothschild, de l'argent pour comprimer la Pologne, le tzar, se disposant sans doute à acquitter en
personne à la banque de France les nouveaux
engagemens qu'il a contractés sur les ruines de
Varsovie; enfin jusqu'au pape qui renonce au
débit de ses indulgences, articles, il est vrai, tout-
à-fait passé de mode, pour se mettre aussi à faire
des lettres-de-change.

Mais si les rois s'y enrichissent, les peuples s'y
ruinent, et d'honnêtes négocians, de paisibles
propriétaires en achetant des rentes, fruits de
leurs longues épargnes, pour vivre tranquilles y
deviennent joueurs sur leurs vieux jours; aujour-
d'hui enfin, l'existence d'une inscription de rente,
dans une honnête famille, y entretient l'agitation
et le désordre; on se jette avec avidité sur un
journal, on les consulte tous, on vend son inscription quand il faudrait la garder, et on la
rachète quand il faudrait attendre encore.

Revenant de l'exil, après Waterloo, il fallait à
mon imagination triste et flétrie par les malheurs
de la patrie une forte occupation; je voulus
me distraire, je visitai la Bourse; j'y gagnai
plusieurs millions; mais toujours dans cet

5

amour, dans cette confiance que l'on doit conserver à son pays, je crus que le départ des étrangers, dont la présence sur notre territoire était pour nous une dépense de cent millions par an, serait un nouvel élément de crédit; ce fut tout le contraire. Ces financiers cosmopolites, animaux de proie qui s'étaient abattus sur notre belle France après nos désastres de Waterloo, redoutant d'entendre, hors de la vue des lances de leurs cosaques, nos cris de douleur mêlés à ceux d'indépendance et de liberté, s'éloignèrent le gigier plein de notre or, et laissèrent à notre Bourse des papiers monnaies appelés inscriptions, certificats de rente. Je fus dans cette bataille assez heureux de m'en tirer sans y laisser mon honneur.

C'est à ceux qui ont prêté leur argent, me dira-t-on, que nous devons la délivrance de notre territoire : ce service est un malheur. Je ne vois dans ces prêteurs d'argent que des courtiers de cosaques, et qui ne demandent pas mieux que de les voir une troisième fois pour faire *une bonne affaire*. Si nous étions menacés de pareille visite, espérons que nous trouverons cette fois un million de Camille qui sauront combattre ou mourir, plutôt que de souscrire au rachat de notre liberté.

La commission du budget a consulté M. le comte d'Audiffret, sur les moyens que pourrait avoir le fisc d'atteindre soit le jeu de la Bourse, soit de percevoir un droit sur le transfert des

rentes. M. d'Audiffret a eu la complaisance de me
faire connaître le travail qu'il avait fait à cet
égard. Le transfert des rentes qui se présente
annuellement à la suite des décès, est de 3 millions de rente environ. Conformément à la
loi qui reconnaît à cette valeur celle de meubles,
ces transferts ne sont passibles que d'un simple
droit de 1 fr. 25 c.; ce qui donnerait alors environ
400,000 francs par an, somme dont l'importance
n'atteint pas le but qu'on se propose. On a également cherché les moyens de frapper d'un droit
de mutations les rentes qui se vendent à la Bourse
au comptant; mais, je n'hésite pas à le dire, cela
est impossible, parce qu'on vend tous les jours
au comptant une inscription de rente que l'on
peut même racheter un instant après, ou la
vendre pour la partager en plusieurs parties, la
reprendre en une seule. Toutes les inscriptions
de rentes qui arrivent journellement au comptant, sont en grande partie des inscriptions avec
lesquelles on joue; ce que l'on peut appeler achats
réels est de peu d'importance. Ce n'est donc
que sur le jeu des opérations de Bourse que votre
attention, Messieurs, peut et doit se porter, et
dans lesquelles je vais vous faire pénétrer.

Charles IX, par son édit de juin 1572, fut le premier qui s'occupa de régulariser les fonctions
appelées alors « couretiers, tant de changes et de
» deniers, draps de soie, laines, toiles, cuirs,
» vins, blés, chevaux et autres bétails, etc., à

» la charge que chacun d'eux sera tenu de pren-
» dre de nous dans deux mois, lettres de prouisions desdits estats, pour après estre receus
» par nos baillifs et sénéchaux ou leurs lieute-
». nans et autres, nos iuges des lieux. »

Un autre édit du 15 avril 1595 porte : « Sa
» Majesté veut et ordonne qu'en sa bonne ville
» de Paris il y aura le nombre huict couretiers des-
» dits change, banque et autres marchandises,
» etc. ». Cet édit fut le premier qui détermina
un nombre de courtiers.

En 1598, le bon plaisir de Sa Majesté fut
« qu'au préalable, ils n'ayent chacun particuliè-
» rement pris lettres de prouision de Sadite Ma-
» jesté, et *payé la finance* à laquelle ils seront
» modérément taxés. »

En 1705, le nombre fut porté à 20.

En 1708 à 40. Cette ordonnance du roi porte
que « nous ayant été représenté qu'il est difficile
» que ces vingt agens de change fassent toutes
» les négociations qui se présentent dans la ban-
» que, que d'ailleurs le prix en est fixé sur un
» pied si considérable, que ceux qui sont les plus
» capables de les remplir ne sont pas en estat
» de les acquérir, et comme nous ne désirons
» rien tant que contribuer de nostre part à ren-
» dre le commerce d'argent libre et l'augmenter
» s'il est possible, nous avons résolu d'en establir
» le nombre jusqu'à quarante, etc. »

Par son édit de novembre 1714, le roi, etc.,

« nous ayant esté représenté que le nombre de
» quarante agens de change n'est pas encore suf-
» fisant pour faire seuls les négociations, et aider
» le commerce qui s'augmente de plus en plus,
» nous avons résolu d'en augmenter le nombre
» et d'en establir jusqu'à celui de 60. »

Ce qui démontre enfin combien une organisation nouvelle des agens de change est nécessaire, c'est que dans tous les temps nos rois de
France se sont constamment occupés de cet objet, le modifiant selon les besoins de l'époque ;
en effet, l'ordonnance du 24 juin 1775 dit : « In-
» formé que différens particuliers qui se multi-
» plient tous les jours, font même à la Bourse
» des opérations, des négociations contre les-
» quelles il y a eu des réclamations, soit pour
» raison d'effets volés, etc., que ces désordres,
» cette confusion également préjudiciable au
» cours des effets, paraissent prendre leur source
» dans le nombre trop limité des agens de change
» dont quelques-uns, d'ailleurs fort âgés, s'oc-
» cupent peu de leur état, tel, entre autres, que
» le sieur Vaudichon ; que pour rétablir l'ordre
» dans cette partie qui intéresse aussi essentiel-
» lement la fortune des *citoyens*, et faire cesser
» l'abus qui s'est introduit depuis plusieurs an-
» nées par aucun des agens de change, *de ven-*
» *dre les démissions de leurs places*, etc.

En 1705 on a reconnu la nécessité d'augmenter le nombre des agens de change et de le porter

à 60. Ce chiffre a été conservé par l'ordonnance de 1714. Et enfin, en 1775, on reconnut aussi la nécessité de faire cesser l'abus que conservait les agens de change de vendre leurs démissions. Cet abus qui existe aujourd'hui doit-il cesser? Et ce nombre de 60, fixé en 1705, ne doit-il pas être augmenté, ou plutôt ce monopole ne doit-il pas être aboli? Voilà la question. En Angleterre, en Hollande, à Vienne, à Francfort, partout, excepté en France, le nombre des agens de change est illimité et ne constitue pas un monopole.

Les affaires immenses qui ont procuré les 180 millions de rente émise sur la place depuis la restauration, ont élevé prodigieusement le prix des charges d'agent de change; et, de 50,000 f. qu'elles se vendaient en 1816, elles sont montées jusqu'à un million, et malgré la crainte de l'abolition de ce privilége, elles se vendent encore aujourd'hui de 200 à 300,000 fr.

Avant la révolution, un office d'agent de change se vendait peu de choses. Il n'y avait pas la centième partie des immenses opérations qui se traitent maintenant. Nos agens de change aujourd'hui monopolisent le mouvement de notre dette de cinq milliards, et plus de la moitié environ de cette somme est encore représentée par toutes autres espèces de valeur étrangère. Voilà sur quelle échelle la compagnie des agens de change fait ses opérations, qui ne lui donnent pas moins de *douze millions de bénéfices par an.*

Ce calcul peut être difficilement contesté ; il se trouve justifié par le résultat d'une retenue que se font les agens de change entre eux, à raison de cinq francs pour chaque opération qu'ils font sur cent mille francs de capital nominal. Cette *tirelire* leur procure de 800 à 900,000 fr. environ par an. Elle a produit jusqu'à 1,600,000 f. Or, chaque agent de change perçoit cinquante francs pour chaque opération de 100,000 fr. capital nominal. C'est sur ces cinquante fr. qu'il laisse cinq fr. à cette masse destinée à parer à des sinistres dans la compagnie, et dans le cas contraire ils s'en font entre eux la répartition.

Ces opérations régulièrement faites d'agent à agent donnent déjà au parquet 9 à 10 millions de commission par an, et il est prouvé que les opérations inconnues au parquet donnent environ de 3 à 4 millions. Ces calculs nous indiquent que les bénéfices annuels de la compagnie des agens de change est environ de 12 millions.

Il est juste aussi de reconnaître que ce bénéfice ne leur reste pas entièrement acquis, et qu'il leur en est enlevé une grande portion par la mauvaise foi des joueurs et la trop grande confiance qu'ils sont toujours disposés à leur accorder.

Le fisc recherche les moyens d'atteindre le jeu de la Bourse ; la morale s'y trouve encore plus intéressée ; je vais donc, Messieurs, vous faire part de mon projet à cet égard.

D'abord, je ne pense pas qu'on doive s'arrêter

à la proposition de l'honorable M. Alby. Ce
droit de cinq francs par 100,000 fr. de capital
nominal, que devront supporter toute opération
de Bourse n'aurait pas, selon moi, une importance suffisante; elle procurerait cependant une
somme de 1,500,000 fr. environ; et je crois que si
la Chambre veut s'occuper de trouver un impôt
sur les opérations de la Bourse, il faut qu'en
même temps elle procède à une nouvelle organisation des agens de change, qui lui permettra
d'y trouver des ressources importantes dans
l'intérêt des contribuables.

Les opérations de la Bourse sont de deux espèces : les unes au comptant sont réelles, les
autres à terme ne sont que fictives. Les premières
ont besoin de toute la protection des lois, et si
les autres sont encore assimilées par nos Codes
aux jeux de hasard, ce que je considère comme
une faute, ces opérations sont cependant encore
justiciables dans la conscience des honnêtes gens.
Je vous entretiendrai donc des droits qui peuvent
être imposés sur les opérations de la Bourse.

Par différens édits, et depuis la révolution, les
agens de change furent autorisés à percevoir 1/8
pour cent de courtage sur les opérations de banque, change, etc.; mais nos agens de change,
afin de faciliter les opérations factices du jeu de
la Bourse, ont réduit leurs droits de commission
à 50 fr. par chaque opération capital nominal de
100,000 fr.; ce qui est un vingtième pour cent de

commission, abandonnant ainsi 75 francs sur le droit que leur accorde la loi, pour la facilité des opérations à terme.

Comme en Angleterre, en Hollande, et sur toutes les places de l'Europe, je voudrais donc qu'en France le monopole des changes et marchandises fût aboli, mais avec une juste indemnité envers les titulaires actuels, de la part de ceux qui voudraient se livrer à ce genre d'opération. Ce serait enfin me renfermer dans l'esprit des ordonnances de Charles IX, en 1572, dont le nombre était illimité, et de l'ordonnance de Louis XV, en 1775, qui reconnaissait l'abus de vendre les démissions des charges de courtiers et d'agens de change.

Je ferais donc la proposition suivante :

1° Tout citoyen porteur d'un certificat de moralité et de capacité, signé par trois banquiers de la ville de Paris, pourra exercer les fonctions d'agent de change, ou de courtier de marchandises; le cautionnement des agens de change sera de 50,000 f., celui des courtiers de marchandise de 15,000 (en Angleterre et en Hollande, et dans toute l'Allemagne, le nombre des courtiers ou agens de change est illimité, et ne sont assujétis qu'à un très-faible cautionnement).

2° Toutes négociations d'effets publics, soit au comptant, ou désignées à terme *fixé ou à volonté* (c'est ainsi que sont stipulées aujourd'hui les opérations à terme) devront l'être sur des bulletins timbrés à cet effet, qui seront frappés d'un droit de trois quarantièmes pour cent par capital nominal, ou 75 fr., sur lequel droit l'agent de change se retiendra un quarantième pour cent pour son droit de courtage, c'est-à-dire 25 fr, pour chaque opération de 100,000 fr. capital nominal.

3° Une somme de. . . . . sera versée par les nouveaux agens de change dans la caisse des anciens pour les indemniser de la perte de leur privilège.

4° Les transferts de rentes au comptant devront toujours être légalisés par la présence de deux agens de change. Le bureau des transferts restera seul dépositaire des valeurs en argent et en inscriptions, etc.

5° Nul ne pourra se livrer aux opérations d'agent de change ou de courtier, s'il n'a pas versé préalablement son cautionnement, et s'il n'a été reconnu comme tel à l'audience du tribunal de commerce.

6° Toutes dispositions contraires aux présentes sont rapportées, etc.

Par l'adoption de cette mesure vous ferez entrer dans le trésor une somme qui peut s'élever à 10 millions et au-dessus.

On pourra me faire cette objection : la loi accorde aux agens de change un droit de un huit pour cent de commission ; il faudrait les forcer à percevoir ce droit, qui est de 125 fr. au lieu de

5o. fr. qu'ils reçoivent, dans l'intérêt du jeu; et sur ces 125 f., nous pourrions exiger une forte remise. Je fais d'abord observer que cette commission d'un huitième pour cent de droit se perçoit toujours par les agens de change dans les affaires au comptant; et si on voulait imposer les opérations à terme d'un droit de 125 fr., ce serait bouleverser ces moyens de transaction et d'opération qu'il faut malheureusement savoir tolérer; et d'ailleurs si vous éleviez le droit à 125 fr. pour les affaires à terme, comme au comptant, on trouverait le moyen d'éluder la nouvelle loi et on se priverait de la ressource que j'indique.

Par l'adoption de cette nouvelle mesure vous ne changez rien aux dispositions du Code à l'égard des marchés à terme. C'est un droit perçu par voie de police comme celui sur la ferme des jeux.

Vous doublerez, au profit du Trésor, le montant des cautionnemens, qui est aujourd'hui de 13,700,000 fr., parce que tout en réduisant à 5o,ooo fr. le cautionnement qui est aujourd'hui de 125,000 fr., vous aurez 3 ou 400 agens de change au lieu de 60.

En atteignant ainsi le jeu de la bourse vous le diminuerez nécessairement, parce que vous en augmenterez les frais, et en rendant le nombre des agens de change illimité, vous rendez plus difficiles ces vastes opérations dont on ne connaît la source que lorsqu'elles ont enrichi des hommes

habiles qui les conduisent avec cette facilité que
donne la petite phalange des agens de change.

Vous abolissez enfin un monopole monstrueux
en admettant trois ou quatre cents pères de
famille à se livrer à ce genre d'industrie qui aujourd'hui en est un très-considérable.

Vous respecterez les droits acquis ; vous con-
serverez la fortune d'honnêtes gens qui ont
acheté des charges à des prix élevés, en obli-
geant ainsi les nouveaux venus à remettre dans
leur caisse une somme qu'ils se diviseront. Et
comme il est important que toutes les propositions
soient appuyées de moyen d'exécution, je ne crains
pas d'avancer que je suis autorisé à annoncer
qu'une des premières maisons de banque de la
capitale est prête à verser un cautionnement de
1,500,000 fr. et de se charger de percevoir les
droits que je viens d'indiquer, en comptant au
trésor de la ville de Paris, une somme de 8
millions par an, divisée par paiemens égaux
pour chaque fin de mois.

Cette mesure pourra blesser quelques intérêts;
mais il en a été de même dans l'ordonnance qui
a aboli le monopole des bouchers de la ville de
Paris. C'est enfin une nécessité que celle de la
liberté de toutes les industries.

LES PAYEURS.

M. le rapporteur annonce que l'intention pre-

mière de la commission avait été de vous proposer la suppression des payeurs. Cette dépense,
qui est de 1,400,000 fr., existerait donc encore, sauf
quelques réductions annoncées. Je regarde cette
suppression comme la plus urgente et la plus immédiate ; elle est réclamée depuis long-temps avec
clameur. Ci, 1,400,000 fr. de moins dans nos dépenses.

LES RECEVEURS-GÉNÉRAUX.

Je partage l'opinion de notre respectable
compatriote, M. Augustin Perier, à l'égard des
receveurs - généraux. Cet homme éclairé en
a demandé la suppression à la Chambre sous
Charles X. En effet, je ne doute pas que les recettes
de nos départemens ne puissent très-bien se faire,
et avec beaucoup plus d'économie pour le trésor,
au moyen d'adjudications au rabais, comme s'ad-
jugent les recettes de nos octrois ; les mêmes ga-
ranties en cautionnemens seraient déposées au
trésor ; et, par une combinaison nouvelle, je voudrais que chaque recette de chef-lieu fût le siége
de la banque du département. Parce que je voudrais que dans chaque département il y eût une
banque, qui émettrait le triple en mandats de la
valeur espèces consignée dans sa caisse ; bientôt
vous verriez les mandats de la banque départe-
mentale dans toutes les campagnes, dans toutes
les mains ; ces mandats étant reçus pour acquitter

les impositions; vous obtiendriez ainsi ce grand résultat : c'est qu'au moyen de ces banques et des ressources qu'elles procureraient à l'agriculture, cette première de toutes les industries emprunterait de l'argent à 4 p. 100, quand aujourd'hui elle ne trouve à en avoir qu'à 10 p. 100.

Sans rechercher les économies que produiraient des rognures sur 300 receveurs particuliers et 86 receveurs-généraux, si je n'admettais pas encore le mode des adjudications au rabais, je m'empare de la loi du 17 fructidor an VI; avec les taxations et leur traitement ils auraient encore aujourd'hui le double de ce qu'ils recevaient à cette époque, parce qu'alors on payait beaucoup moins qu'aujourd'hui ; une réduction d'un tiers sur les remises fixées en fructidor an 6 donnerait au trésor, sur ce service important, une économie au moins de quatre millions, quand il en coûte aujourd'hui près de huit. Et, en admettant la perception des finances de l'état comme se font celles des octrois, elle ne coûterait pas plus de deux millions.

Il y en France cinq recettes qui rapportent de 150,000 à 300,000 fr., dix qui en donnent 80,000. On peut admettre que les 86 recettes générales produisent à leurs titulaires environ cinq millions; ils ont onze millions de cautionnement, c'est donc de leur part de l'argent placé à 45 p. 100 !

Prenons seulement la perception de Paris.

Il y a vingt-quatre percepteurs pour la capitale, dont la totalité des cautionnemens s'élève à 1,537,029 fr.; la remise qu'ils se partagent s'élève à plus de 500,000 fr. Ce sont de véritables sinécures. C'était dans les perceptions de Paris que la cour de Charles X trouvait et prenait ses invalides; la majeure partie de ces riches titulaires étaient des secrétaires des princes et princesses, valets de chambre, barbiers de LOUIS XVIII, etc.

On m'autorise donc encore ici, comme pour les agens de change: tous les jours, au trésor, à trois heures, on versera la recette; on se conformera également à fournir pour cautionnement la somme 1,537,029 fr., et on s'offre de se charger de la recette générale de Paris pour la remise de 175,000 fr., ce qui présente au trésor une économie bien positive de 325,000 fr.

Il en est de même des recettes de Saint-Denis et de Sceaux : le titulaire de cette dernière recette est le frère du comte de Villèle. Ces recettes rapportent encore chacune 25,000 fr.; par une adjudication publique, ces recettes pourraient se faire toutes les deux pour 16,000 fr.

POSTES.

Nous entrons chez M. le directeur-général de la poste. Cette administration contient, comme toutes les autres, force sinécures, et toujours avec le même luxe d'emménagement, qu'il faudra un jour entièrement réformer. Comme en Angleterre., j'obligerais messieurs les ministres et les directeurs-généraux de loger chez eux; alors nous éviterions ces frais immenses, déguisés sous tant de noms, qui me rappellent ce mémoire d'une brosse d'un garçon d'écurie que j'avais : « *plus, pour brosse, sac à brosse et brosse.* » Il est d'autant plus nécessaire de revenir à un système d'administration plus simple, que la garantie est toujours inverse dans la multiplicité de nombreux inspecteurs.

Une réduction sur les frais de cette administration est depuis long-temps demandée, c'est la suppression des gages des maîtres de poste, en raison du nombre de chevaux. Cette économie, qui serait de 515,000 fr., est annoncée pour être réglée par une loi qui doit être présentée dans le courant de 1832. C'est une raison de plus de supprimer ce crédit de 515,000 fr., ci 515,000 fr.

Un article bien plus important, qui figure aux dépenses de cette administration, est celui relatif au prix de la course pour chaque cheval de poste. Avant la loi du 15 ventôse an XIII, qui a fixé le prix à 1 fr. 25 cent., pour chaque cheval de poste, l'Etat ne payait que 75 centimes. Il faudrait revenir au prix postérieur à l'an XIII; et cette dépense, aujourd'hui portée pour 3,794,500 fr., réduite aux trois cinquièmes, apportera une économie de 1,518,000 fr. ci 1,518,000 f.

Si, par la suppression des gages des maîtres de

poste , la diminution du prix du cheval devient juste et nécessaire , il serait bien d'assujétir les maîtres de poste de première classe à une remise proportionnelle , pour aider les maîtres de poste des deuxième et troisième classes.

En effet, il est absurde de voir un maître de poste près Paris, se faire 20 à 30,000 fr. , pour les 25 cent. des gratifications qu'il reçoit des entreprises de diligences, qui, joints aux immenses profits de sa poste, lui conservent un privilège qu'il trouvera toujours à vendre 3 ou 400,000 fr. de pot-de-vin.

Le traitement des courriers est près de 1,000 fr. Cette dépense est de 840,870 fr. ; on peut réduire ce salaire d'un quart, ce qui apporterait une diminution de 210,000 fr.

Je vois encore un article de 56,000 fr. pour entretien et réparation des bâtimens; et plus bas , 71,525 fr. pour frais fixes, loyers et contributions dans Paris. Tous ces frais, tels que réparations, entretien du bâtiment et du mobilier , devraient pour tous les ministères et pour toutes les directions générales être livrés à une adjudition publique. L'entretien desdits meubles et bâtimens se ferait sur état de lieux , et sur ces dépenses réunies de tous les ministères qui se montent à une somme de 1,200,000 fr. environ, il serait facile d'obtenir une économie de moitié, ce qui serait une réduction de 600,000 fr. sur tous les mobiliers ministériels.

6

TABACS.

Ce monopole, qu'exploite le gouvernement, soulève une grande question. Les départemens du nord sollicitent depuis long-temps l'abolition de ce monopole dont s'est emparé le gourvernement; on ne peut ni on ne doit négliger la perception de l'impôt sur le tabac, c'est la matière la plus raisonnablement imposable; mais la législation actuelle qui a le mandat d'abolir toute espèce de privilège dans les mains des particuliers, ne doit pas en permettre davantage l'exercice au profit du gouvernement, surtout pour ce qui concerne une industrie comme l'exploitation des tabacs, qui force nos cultivateurs à renoncer à la culture de cette plante précieuse, pour la faire venir à grand frais de l'étranger.

Je vois dans le budget la dépense de cette riche exploitation se monter à 21,113,000 fr., ce qui est environ le tiers de son revenu, porté à 67 millions.

Une maison, 1re de banque de Paris, MM. Th.... avait fait des offres très-avantageuses au gouvernement pour soumissionner l'exploitation du tabac en France; l'acceptation de ces offres ou une concurrence sur adjudication publique auraient pu procurer 10 millions de plus à ce revenu.

Je ne doute pas qu'une administration particulière ne parviendrait à réduire la moitié de ces énormes frais d'administration, qui s'élèvent à 21,113,000 fr. Ajoutez à cela le bénéfice que donnerait à un administrateur entendu et intéressé, l'acquisition de matières aussi précieuses et aussi considérables, et qui est abandonné à des employés salariés qui peuvent doubler et tripler leurs appointemens par de légères complaisances.

Si on considère encore les bénéfices immenses que se procurerait le fermier-général de cette exploitation, dans la concession qu'il ferait pour les licences de bureaux de tabac; quand on pense que chaque bureau est acheté à un prix très-élevé, le bureau dit la Grosse-Pipe, au Palais-Royal, vient de se vendre 60,000 fr.

Quand sous l'empire, le gouvernement s'empara de ce monopole, il fit oublier ce qu'il y avait d'injuste dans cette mesure, en prescrivant, par un décret impérial, que les bureaux de débit de tabac seraient réservés aux veuves des militaires. Aujourd'hui, il n'en n'est plus de même: ces bureaux se vendent, ou sont le prix de l'intrigue. Il sera donc facile d'apprécier tout le bénéfice qui résulterait de la mise en adjudication publique de l'administration des tabacs, ce qui procurerait au trésor une bonification au moins de 15 millions, ci. 15,000,000

BOIS ET FORETS.

En Angleterre, le gouvernement ni le roi ne possède pas comme en France des immeubles. Quand un gouvernement emprunte à 5 et à 6 pour 0/0, il ne doit pas conserver des propriétés qui ne lui en rapportent que 1 à 1 et 1/2, et ce pour avoir des cliens et des employés, etc.

Ce sera, il est vrai, dans un temps de paix, que la Chambre devra s'occuper d'une grande mesure à cet égard ; la totalité des bois et forêts de l'état pourrait se vendre à 1500 millions environ : cette valeur immense, divisée dans dix milles mains, augmenterait considérablement les produits de l'enregistrement par suite de nombreuses mutations. Sur la dépense de cette administration portée à 3,738,800, il serait facile, *vu le malheur des temps*, d'y trouver 10 pour o/o de rabais ; les lois du 3 complémentaire et 3 messidor an 9, qui régularisèrent cette administration, étant consultées de nouveau aujourd'hui, faciliteraient cet économie, ci. 400,000

DOUANES.

Cette partie de nos ressources nous procure 99 millions. L'administration, avec un nombreux personnel, dépense 23,217,698 fr. Bien plus encore que dans toute autre administration, on doit trouver 10 p. 100 d'économie sur ces 23 millions de frais, ci. . . . . 2,300,000.

IMPOTS INDIRECTS, BOISSONS ET SELS.

Les boissons et bières produisent 66,600,000 f.
Les sels. 58,660,000
                                    _____
                            125,260,000 f.

Le produit des boissons et du sel est certainement celui de nos impôts le plus important ; cependant les plaintes justes et constantes que font entendre depuis si long-temps plus de vingt millions d'individus appellent instamment toute la sollicitude de la Chambre et doivent la décider à diminuer de beaucoup ces impôts supportés presqu'entièrement par la classe malheureuse du peuple.

Cette question est du premier ordre ; dans cet aperçu il ne m'est pas possible de la traiter à fond. Je ne descendrai donc pas dans les détails de cette multitude d'employés, qui sont aux malheureux artisans ou cultivateurs, ce que sont ces myriades de moustiques qui désolent le voyageur sur la côte d'Afrique,

Imposer les choses de première nécessité, c'est arrêter la production dans son principe, et par conséquent la consommation. Non-seulement, en agissant ainsi, on viole les lois de l'humanité, mais on tarit les sources qui alimentent le trésor, seule considération de notre politique du jour. Sans rappeler ici les tristes effets de l'impôt qui pèse en France sur la consommation du pauvre, je ne parlerai que de son influence sur notre industrie : si la subsistance du peuple était à meilleur marché à Lyon, cette première ville manufacturière du monde ne verrait pas ses ouvriers déserter ses ateliers, porter leur industrie dans la Suisse et dans les provinces Rhénanes, où des

fabriques importantes viennent aujourd'hui de s'é-
lever, et nous opposent une concurrence redoutable par des objets fabriqués dont les prix sont
inférieurs aux nôtres, aidées en cela par les sub-
sistances, qui y sont moins imposées, et que l'ouvrier se procure à meilleur compte.

Si vous réduisez l'impôt sur le sel au moins des
deux tiers, l'habitant des campagnes fera de nombreux élèves, il conservera plus de bestiaux pour
la culture de ses champs; ses bestiaux n'étant plus
privés de la consommation du sel, qui est si nécessaire à leur santé, ne seront plus exposés à pé-
rir du terrible fléau de l'épizootie, qui fait de si
grands ravages et traîne après lui la ruine et la
désolation chez nos laboureurs ; la viande livrée
à la consommation sera meilleure et à un prix
plus raisonnable, nos ouvriers des villes, comme
nos habitans des campagnes, jouiront d'une nour-
riture plus substantielle, et dont ils sont forcés de
s'abstenir par le prix trop élevé de la viande ; et
rappelons-nous Confucius, ce législateur habile,
le Christ des Chinois, répétant dans ses immor-
tels écrits : *assurez la subsistance du peuple*, idée
fondamentale pour tout législateur qui veut donner une base stable à l'ordre social

Quand le premier des Bourbons, en 1814,
sortit la tête d'un fourgon ennemi, son premier
cri fut celui de : *A bas les droits réunis*, tellement il savait que cet impôt était odieux, et que
son abolition lui serait favorable et populaire.

Sur tous les points de la France , des soulève-
mens partiels annoncent qu'on ne peut plus supporter l'excès de ces impôts , et que déjà on ne
paie plus dans certaines localités ; cet impôt sur
les boissons est donc en partie aboli de fait, l'exécution de la loi n'existe donc plus , son action
étant méconnue , il faut s'empresser de prévenir
de plus graves désordres; il appartient à la Chambre d'écouter la voix impatiente , non des contribuables , c'est ici le cri de la faim , de la classe
malheureuse.

L'impôt sur les boissons a déjà été réduit d'un
tiers, il est vrai ; mais malheureusement ce dégrèvement n'est pas suffisant, ce ne serait pas même
la suppression du droit de circulation qui rem-
plirait les exigences des besoins de la classe
pauvre , c'est le droit de détail qu'il faut supprimer , et qui forme presque à lui seul , les quatre
cinquièmes du droit total sur les boissons.

J'espère donc que la Chambre s'occupera dans
cette session, d'une question si grave , espérant
que sur ces 125 000,000 elle peut en diminuer
la moitié, et en attendant qu'on puisse l'abolir entièrement quand nous aurons moins de besoins.

Ce déficit dans nos recettes sera couvert , et au-
delà , par les économies et les nouveaux produits
que j'indique rapidement dans cet aperçu.

LA LOTERIE.

Supprimer la loterie, c'est répondre aux vœux

de tous les honnêtes gens ; mais il est dans le
peuple de rêver la fortune ; l'ouvrier, dans le silence de son travail, s'occupe aussi de devenir
riche, et désespérant de le devenir assez tôt avec
le produit de sa journée, il économise une pièce
de 2 francs qui est la mise obligée, et il la porte
à la loterie ; le malheureux ne sait pas que le
gouvernement joue avec lui un jeu sûr, c'est-à-
dire qu'il lui vole un tiers de son argent en lui
donnant son billet, car le bénéfice du gouvernement est environ dans cette proportion.

On présume qu'en 1832 le total des mises peut
s'élever à 29,000,000 ; et sans attendre la chance
qui est calculée, on ne balance pas à annoncer
que la masse des lots échus sera de 21,000,000.
Produit 8,000,000 !

A toute l'immoralité de ce jeu sûr, du fort
contre le faible, il serait difficile de calculer les
perturbations que doit causer le mouvement de
ce jeu frauduleux qui sera de 29,000,000 fr. par
an ; quand on réfléchit que toutes ces mises des
joueurs seront pour la majeure partie avancées
par des mains d'ouvriers qui viennent engloutir
dans ce jeu perfide le fruit de leurs travaux
qu'un piége séducteur enlève aux besoins de leurs
familles. L'administration de la loterie en nous
donnant le compte de 8 millions de bénéfice que
lui procure ce jeu infâme, oublie de porter dans
son compte de dépenses, tous les suicides et la

désolation de tant de familles, qui n'ont d'autres causes que le jeu décevant de la loterie.

Je supprimerais donc la loterie française; et, afin de prévenir l'existence de loteries clandestines, qui ne manqueraient pas de s'établir, je créerais, comme en Allemagne et en Angleterre, une loterie qui laisse au peuple l'espoir d'improviser sa fortune, mais qui ne le ruine pas; c'est une loterie dont le tirage se fait tous les deux et trois mois, dont le gouvernement ne s'en occupe que pour ses frais d'administration : on achète un billet, on le garde en attendant le tirage, mais à ce jeu, comme à celui de société, on ne peut pas se ruiner.

Dépenses de l'administration centrale des finances, f°. 522. 6,487,900

Contributions directes, enregistrement, f°. 529. 18,096,400

Timbre et domaines, f°. 533. . . 9,647,750
_____

34,232,050

Ces trois articles présentent le montant des dépenses de la perception, et le personnel de ces différentes administrations.

En parcourant le détail de ces divers traitemens et frais de tous genres, et toujours de ces gros articles de 2, 300 et 400,000 fr. sous le titre d'entretien, gratifications, émolumens, je crois qu'il serait facile d'arriver à des réductions qui ne pourraient pas être moindres du quart de cette dépense ; les titulaires actuels se récrieraient, mais ils se garderaient bien de donner leurs démissions ; car ils seraient aussitôt remplacés par ceux qui attendraient leurs refus.

Sur un article de 11,340,000 fr., montant de la remise faite aux percepteurs, il faudrait qu'ils fussent limités à un maximum qui ne serait pas dépassé ; ainsi, dans telle localité où un percepteur gagne 1,000 fr., on ne peut pas le réduire ; mais quand le chiffre s'élève de 2,000 à 6,000 et 10,000 fr., ce sont ces remises qui devraient être réduites d'un tiers et de la moitié.

Ayant reçu en 1831 la cote de l'imposition de ma maison, je la trouvai augmentée de moitié par erreur et par la combinaison du dernier impôt de répartition.

J'expliquai l'erreur commise : « Payez toujours, » vous réclamerez et nous verrons ensuite, me » dit le receveur. » Par la même raison, si j'étais député, je dirais : « Vous demandez pour le ser- » vice 31,482,950 fr. pour frais de perception , » je vous réduis ces frais d'un quart. » Rentrez dans l'organisation de l'an 8 , vous remplacerez les employés qui se refuseront au service. Tout cela se passerait avec un peu d'humeur d'un côté et avec un peu de patience de l'autre , et vous aurez 8 millions d'économie, ci. . . 8,000,000.

RECETTES. — IMPOT FONCIER.

Sans entrer dans une longue discussion sur cet

impôt primordial qui demande dans son application la plus grande attention, il ne nous est cependant pas possible de nier que le foncier aujourd'hui n'est pas en rapport avec les autres impôts qui pèsent sur le pays ; et, dans l'intérêt de la grande famille, nous devons apporter la plus grande égalité sur la répartition des charges que la France doit encore supporter.

En 91, l'impôt foncier produisait 60 millions de plus qu'aujourd'hui, et la France cependant a augmenté sa richesse et sa population de près d'un quart d'après la statistique que présente ce relevé, dont je garantis l'exactitude.

La France produisait, il y a quarante ans, terme moyen, 14 milliards de livres de grain, sa population était alors de 25 millions d'habitans, ce qui portait sa consommation (la semence prélevée) à 583 livres par tête, ou une livre dix onces de blé par jour ; depuis cette époque la population s'étant augmentée d'environ six millièmes, il est naturel

1° Que les substances ont dû suivre cet accroissement ; elles s'élèvent en effet au niveau des besoins, mais sans les dépasser, puisque les états des douanes prouvent que depuis long-temps les exportations comme les importations des grains sont nulles en France ;

2° Que dès-lors la totalité des récoltes premières se trouvant en rapport avec la population évaluée aujourd'hui à 33 millions d'individus, devrait rapporter par an 5o millions de blé, environ, semence comprise ;

3° Que loin de là, la récolte générale paraît être, d'après le tableau officiel de l'administration, à peu près la même qu'autrefois; ce qui donne à penser que les terrains mis en valeur depuis la révolution ont été cultivés plutôt en vignes, prairies artificielles, plantes légumineuses ou pommes de terre, qu'en froment et autres céréales.

Ainsi, la France qui produit aujourd'hui un quart de plus qu'en 1791, pourrait donc, voir son impôt foncier un peu plus en harmonie avec les autres charges publiques, et c'est particulièrement dans les impôts directs, que nous devons trouver les moyens de remplacer le vide produit par la suppression des impôts indirects dont je vous ai entretenus.

Convenons que depuis la restauration le pouvoir qui a pesé sur la France n'a eu qu'un but, qu'une idée fixe, c'était la contre-révolution. Aussi, cherchant par tous les moyens d'annuler cette ordonnance de réformation du proconsul de l'étranger, ce gouvernement accomplissait doublement son mandat : en diminuant l'impôt foncier, il enrichissait l'aristocratie, ruinait la classe moyenne par les impôts indirects, et réduisait ainsi le nombre des électeurs, qu'on n'aurait bientôt plus trouvé que dans la caste des grands propriétaires.

Sans rétablir l'impôt foncier, aussi onéreux à la propriété qu'il était en 1791, la Chambre doit s'occuper sérieusement d'en régulariser définitivement la quotité pour conserver à la propriété une valeur stable; il faut que l'assiette de l'impôt sur les valeurs rurales soit réparti de manière à ce que le modeste propriétaire puisse vivre du produit de ses champs qu'il a tant de peines à faire cultiver, par le prix élevé de la journée de l'ouvrier, comme il est aussi de la plus haute importance que la chambre apporte des réformes nécessaires sur la perception de cet impôt de répartition, qui envoie des cotes d'impositions à des individus que le percepteur trouve à sa porte.

L'ENREGISTREMENT ET DOMAINES.

En France, c'est un des impôts dont l'assiette pourrait être mieux entendue. Je vais à cet égard faire part des améliorations que j'ai entrevues et que je crois nécessaires.

Il est constant que dans les trois quarts des actes de ventes qui s'opèrent entre particuliers, on soustrait à l'enregistrement la partie donnée comptant. Il conviendrait donc de poser cette question: convient-il de réduire ce droit, afin que, par sa modération, on ait moins d'intérêt de s'y soustraire ; et, dans le cas contraire, en laissant subsister les droits actuels, je crois qu'il conviendrait de soumettre les sommes reçues comptant entre les parties, au tiers du droit ordinaire, pour les sommes payables à terme, et après les formalités de la loi. Je suis convaincu que par la modicité du droit perçu sur les sommes comptées en passant le contrat, il n'est personne qui voudrait s'y soustraire.

Il est un autre élément d'impôt pour remplacer ceux qui nuisent tant à la production et pèsent sur la classe pauvre, c'est dans les droits sur les successions que nous le trouverons. Un impôt progressif ainsi établi est un des principaux moyens de détruire ces agglomérations de fortunes qui, stationnaires dans certaines familles, s'opposent au mouvement et à la division des richesses, principe reconnu aujourd'hui fondamental pour la conservation de nos sociétés modernes. Cette considération me fait insister sur l'augmentation progressive des droits à imposer aux successions, de manière que le produit de leurs impôts s'élève au double de ce qu'il est aujourd'hui.

Pénétré de ce principe que celui qui succède ne peut se plaindre de ne pas recevoir assez, et que celui qui meurt ne peut raisonnablement être trop affecté de rendre à la grande famille une faible portion de ce qu'il a gagné dans l'assistance qu'il en a reçue, je doublerais l'impôt des droits qui ont été perçus en 1829. Pages 429, 430 et 431.

Savoir :

§ III. Transmissions entre-vifs, à titre gratuit en ligne directe. . . . . . . 5,288,968 fr. 03 c.

§ IV. Transmissions en-tre-vifs, à titre gratuit entre époux. . . . . » 45,376 51

§ V. Transmissions entre-vifs, à titre gratuit, en ligne collatérale. 1,076,066 32

§ VI. Transmissions en-tre-vifs, à titre gratuit, entre personnes non parentes, et en faveur d'établissemens publics. . . . . »506,454 73

§ VII. Mutations par décès en ligne directe. 8,196,981 32

§ VIII. Mutations par dé-cès entre époux. 3,442,529 25

§ IX. Mutations par décès en ligne collatérale. 11,311,826 25

§ X. Mutations par dé-cès entre personnes non parentes, et en faveur d'é-tablissemens publics. . . . 2,117,123 05

Total 31,985,325 46

Cette augmentation procurerait une ressource de la somme de 31,985,325 fr. 46 c.

L'Angleterre perçoit 150 millions de francs de droits sur le luxe : nous n'avons point encore en France osé toucher cette corde ; cette ressource serait pour nous une réserve dont nous saurons faire usage plus tard...

COUR DES COMPTES.

La cour des comptes possède un nombreux personnel, et très-largement rétribué : son chapitre, folio 510, présente une dépense de 1,249,000 fr.

Sans compter les gros traitemens, il est un article qui est d'une trop grande importance pour le passer sous silence ; c'est un article de 400,000 fr. de dépenses, dit préciput et récompense des quatre-vingt conseillers de première et deuxième classes, à raison de 5,000 fr. Déjà ces messieurs se trouvent payés par un traitement fixe de 6,000 fr. pour la première classe, et de 2,400 fr. pour la seconde ; c'est comme si on annonçait que dix-huit conseillers référendaires de première classe reçoivent un traitement de 11,000 fr., et ceux de la seconde classe, 7,400 fr.

Sur le budget de cette cour des comptes, *vu le malheur des temps*, ce serait peu de lui retrancher cet article de préciput, sauf à porter messieurs les dix-huit conseillers - maîtres qui reçoivent 15,000 fr. au traitement de 10,000 fr., et

de répartir entre les référendaires de seconde
classe la réduction opérée sur ceux de la première, ce qui serait une économie de 400,000 fr.

Mes différentes observations auront indiqué
les résultats suivans, SAVOIR :

1° Justice. — Sur l'Organi-		
sation..................	6,000,000	
Sur les Greffes.........	4,000,000	18,000,000
Sur les Titres.........	8,000,000	
2° Affaires Etrangères...............		1,000,000
3° Cultes et Instruction Publique........		12,000,000
4° Guerre, non compris les mesures à		
prendre sur les pensions de la restau-		
ration................................		8,000,000
5° Commerce et Travaux Publics.........		15,000,000
6° Intérieur (*)......................		500,000
7° Marine.............................		6,500,000
8° Finances. — Amortisse-		
ment................	44,000,000	
Rentes présumées en dés-		
hérence...............	2,500,000	
Cautionnemens.........	9,000,000	
Bourse................	8,000,000	
Suppression des payeurs..	1,400,000	
Receveurs-génér. et Paris.	4,325,000	
Postes................	1,843,000	
Tabacs................	15,000,000	129,024,000
Bois et Forêts.........	4,000,000	
Douanes..............	2,300,000	
Sur les frais d'administrat.,		
réduction du quart....	7,870,700	
Augmentation sur les suc-		
cessions...............	31,985,300	
Cour des Comptes.......	400,000	

A reporter   190,024,000

7

Report... 109,024,000

Déficit sur les Boissons 62,500,000
Id. sur la Loterie... 8,000,000

Suppression dans les
recettes.............70,500,000 à distraire, 70,500,000

Économies et Améliorations.   Total. . . 119,524,000

Sur l'adoption des améliorations que je viens
d'indiquer dans cet aperçu, et en réduisant de
moitié les droits sur les boissons et sur le sel ;
ainsi que la suppression de la loterie, on obtiendrait encore dans le budget des dépenses une
diminution de CENT DIX - NEUF MILLIONS
CINQ CENT VINGT-QUATRE MILLE FRANCS.

Dans la session prochaine, il faut espérer que
nous reviendrons sur de plus larges économies :
nous supprimerons encore 30 millions sur l'impôt des sels et boissons, pour les retrouver sur
d'autres suppressions et des réformes , telles
que les pensions de la restauration et une réduction de 15 millions sur le clergé, qui serait
alors ce qu'il était avant 1821.

Cette réforme, pour être raisonnable, devra
être radicale à l'égard de ces archevêques, évê-
ques ou chanoines.

Je proposerais, à cet égard, que les plus hauts
dignitaires de l'église ne reçussent que les traitemens de curés de première classe ; l'humilité et
la pauvreté étant le principe de notre religion ,
c'est à ses premiers dignitaires à en donner

l'exemple. Si, dans le séculier, les places hono-
rifiques qui sont nombreuses, sont entourées de
l'estime des citoyens, je ne conçois pas que les
prêtres ne veuillent pas mériter cette considération, et que dans l'église particulièrement toutes
les fonctions y soient somptueusement rétribuées,
sans qu'on puisse en compter une seule remplie
pour l'amour de Dieu. En accordant aux princes
de l'église ce traitement de curés, c'est encore
faire au-delà de M. l'abbé de la Mennais, qui veut
que les fonctions des ministres de Seigneur soient
gratuites.

On supprimera cette dépense de 2 millions,
affectée à des bourses qui ne sont accordées qu'à
l'intrigue ou à de *pauvres pères* de famille qui
ont 20 à 30,000 fr. de rente.

On portera au double de l'impôt foncier ces
propriétés qui composent des majorats qui ne
sont que des substitutions, et qui, stationnaires,
échappent à ce mouvement, à ces mutations
nécessaires à notre société moderne. C'est alors
seulement que la révolution de juillet commence-
ra à connaître ce *bonheur matériel* dont on veut
la doter.

Quand un des premiers j'ai pris les armes le 27,
et que mon ancien camarade Lamy tombait à
mes côtés, à l'attaque du Louvre; quand, entré
un des premiers à l'Hôtel-de-Ville, j'accourus le
28 au soir à minuit, chez M. Audry-de-Puyra-
veau, au milieu de la réunion des Députés, les

engager à se transporter de suite à l'Hôtel-de-Ville pour s'y constituer, mes amis et moi alors nous ne nous battions pas pour une révolution de palais, mais bien pour renverser un système odieux d'intrigues et de dilapidations, que nous avait légué la restauration.

Dans une seconde lettre, j'écrirai les pages de ces trois journées. Je citerai les noms, j'appellerai les individus, je les adjurerai en face des faits, des écrits ; on connaîtra alors de quel côté a été le pur patriotisme et le désintéressement, pour ne voir de l'ombre de ce tableau, que la plus lâche, la plus stupide ingratitude, et toute la jonglerie de nos prétendus sauveurs, ou héritiers intrus de cette révolution de juillet.

FIN.

www.ingramcontent.com/pod-product-compliance
Lightning Source LLC
Chambersburg PA
CBHW071450200326
41519CB00019B/5694